RENÉ PFISTER

EIN FALSCHES WORT

Wie eine neue linke Ideologie aus Amerika unsere Meinungsfreiheit bedroht

Deutsche Verlags-Anstalt

Penguin Random House Verlagsgruppe FSC® N001967

2. Auflage
Copyright © 2022 by Deutsche Verlags-Anstalt, München,
in der Penguin Random House Verlagsgruppe GmbH,
Neumarkter Straße 28, 81673 München,
und SPIEGEL-Verlag Rudolf Augstein GmbH & Co. KG,
Ericusspitze 1, 20457 Hamburg
Umschlaggestaltung: total italic/Thierry Wijnberg
Satz: Leingärtner, Nabburg
Druck und Bindung: GGP Media GmbH, Pößneck
Printed in Germany
ISBN 978-3-421-04899-8
www.dva.de

INHALT

1 Warum die Demokratie auch von links bedroht wird –
  ein Vorwort   7

2 Ian Buruma oder: Es kann jeden treffen   25

3 Alles ist Diskurs oder: Die neue Sprache der Macht   35

4 Dorian Abbot oder: Der Terror der Minderheit   65

5 Campus Culture oder:
  Wie Universitäten zu geistigen Klöstern werden   73

6 Die Medien oder: Wie Parteilichkeit zur Tugend wird   107

7 David Shor oder: Wie sich das linke Lager
  von der Realität abschottet   131

8 Woke Capitalism oder: Ausbeutung, aber politisch korrekt   141

9 Ibram X. Kendi oder:
  Antirassismus als bürokratisches Perpetuum mobile   163

10 Eine neue Religion oder: Meine große Schuld   179

11 Chris Rufo oder: Cancel Culture von rechts   197

12 Identitätspolitik oder:
Wie sich die Linke ihr Grab selbst schaufelt   209

13 Die Mühen der Demokratie oder:
Warum wir den produktiven Streit brauchen   225

Dank   235

Anmerkungen   237

1

WARUM DIE DEMOKRATIE AUCH VON LINKS BEDROHT WIRD – EIN VORWORT

Das Erste, was mir auffiel, waren die Regenbogenflaggen. Als ich im April 2019 nach Washington flog, um für meine Familie ein Haus zu suchen, empfahl mir die Maklerin den Stadtteil Chevy Chase, einen stillen Vorort mit ordentlichen öffentlichen Schulen für unsere beiden Söhne. Ein Viertel, das mir so hipp wie Friedrich Merz erschien – und doch flatterte an fast jeder dritten Veranda die Fahne der Schwulen- und Lesbenbewegung.

Als ich meine Maklerin danach fragte, sagte sie, die Flaggen seien gehisst worden, nachdem sich der designierte republikanische Vizepräsident Mike Pence im November 2016 entschieden hatte, in die Gegend zu ziehen. Eigentlich steht dem amerikanischen Vizepräsidenten die Residenz auf dem Gelände des Observatoriums der US-Marine zu. Aber für eine Übergangszeit suchte er sich ein Mietshaus in Chevy Chase. Die Regenbogenflaggen, sagte meine Maklerin, seien als Zeichen des stummen Protests gegen den neuen

Nachbarn gehisst und später nicht mehr abgenommen worden. Pence, muss man dazu wissen, ist ein Christ, der die Bibel sehr wörtlich interpretiert. Als Kongressabgeordneter für den US-Bundesstaat Indiana hatte er sich darüber beklagt, dass im Schulunterricht nicht die Schöpfungsgeschichte gelehrt wird. Als in Berlin einmal ein Text über Pence auf meinem Schreibtisch landete, schrieb ich »Ajatollah aus Indiana« darüber.

Ich muss gestehen, dass mich die Fahnen mit Chevy Chase versöhnten. Bevor meine Frau und ich beschlossen, für den SPIEGEL als Korrespondenten in die USA zu ziehen, hatten wir über zehn Jahre in einer Stadtwohnung in Berlin gelebt. Ich hatte immer einen Widerwillen gegen Vororte, und die Regenbogenflaggen in Chevy Chase gaben mir das Gefühl, nicht vollends in einer Spießerhölle gelandet zu sein. Drei Tage später unterschrieb ich den Mietvertrag für ein Haus mit einer hübschen Veranda und einem kleinen Garten.

Ich freute mich auf die USA, ich kann es nicht anders sagen - ein Land, für das ich immer eine tiefe Sympathie empfand. Meine Eltern hatten nie etwas mit der säuerlichen Amerikaskepsis vieler Deutscher am Hut. Noch heute schwärmen sie von einer Reise nach San Francisco, die sie Mitte der Siebzigerjahre unternommen hatten. Als Kind bin ich mit Colt Seavers und dem »Trio mit vier Fäusten« aufgewachsen, meine erste große Liebe war Melissa aus »Falcon Crest«. Der erste Film, den ich abends im Kino sah, war »Top Gun« mit Tom Cruise, der dafür sorgte, dass die Jungs an meinem Gymnasium braune Pilotenlederjacken mit »Navy«-Aufnähern trugen. Ich mochte die Lakonie Hemingways und die erotischen Selbsterkundungen Philip

Roths, und nichts heiterte mich schneller auf als der anarchische Humor von Larry David.

Als wir im Sommer 2019 in Washington ankamen, schickten wir unsere Kinder auf amerikanische Schulen, obwohl sie nur ein paar Brocken Englisch sprachen. Es war eine Entscheidung, die wir nicht bereuten. Die Lehrer nahmen sich der beiden Jungs mit einer Energie an, wie man sie von deutschen Schulen nicht unbedingt gewohnt ist. Ms. Lamers, die Klassenlehrerin meines jüngsten Sohnes, lud sich ein Sprachprogramm auf ihr Handy, um die Wörter zu verstehen, die er noch nicht übersetzen konnte. Mein ältester Sohn besuchte eine Middle School und fand schon nach ein paar Tagen amerikanische Freunde. Nach einem halben Jahr sprachen die beiden so gut Englisch, dass sie mich baten, in ihrer Gegenwart darauf zu verzichten, weil mein deutscher Akzent in ihren Ohren schmerze.

Unsere neuen Nachbarn hießen uns auf rührende Art und Weise willkommen. Judith, eine jüdische Rechtsanwältin in fünfter Generation, lud uns zum Thanksgiving-Dinner ein; weiter oben in unserer Straße zog Kapil mit seiner Frau Madhura ein, ein Kardiologe und eine Biologin, deren Kinder bald auf dem Trampolin in unserem Garten hüpften. Und dann waren da noch Tim und Megan, das Juristenehepaar, in deren Garten wir amerikanisches Craft Beer tranken und die immer wissen wollten, was ich auf meinen Recherchereisen durch Amerika erlebt hatte.

Wenn ich davon erzählte, kam ich mir vor, als berichtete ich aus einem fernen Land. Was ich bei den Wahlkampfveranstaltungen von Trump sah, hatte nichts mit der weltoffenen Freundlichkeit zu tun, die wir in Chevy Chase erlebten: die Meute, die »USA, USA« schrie, sobald Trump die Bühne betrat; die wütenden Männer, die »Lügner« zischten, wenn sie an dem abgesperrten Bereich vorbeizogen, in dem wir Journalisten von Trumps Presseleuten eingepfercht worden waren. Es gehörte zum Standardrepertoire des Präsidenten, in seine Reden einen Seitenhieb auf die Medien einzubauen. Im Ton der Entrüstung erzählte er davon, wie Journalisten das amerikanische Volk belügen würden. »Seht ihr, das senden sie jetzt nicht, das rote Licht an den Kameras ist aus«, sagte der Präsident dann, während die Halle wie mit einer Stimme »CNN sucks« zu brüllen begann – »CNN kotzt uns an«.

Zurück in Chevy Chase erschienen mir die Wut und der Hass, die das Land so furchtbar plagen, wie ein ferner Donnerhall. Wenn ich meinen Nachbarn von Trump und seinen Fans erzählte, waren sie peinlich berührt. In ihren Gesichtern standen Wut und auch eine Spur Scham über den Mann, der nun auch ihr Präsident war. Es war eine merkwürdige Erfahrung: Amerika, dieses so stolze und mächtige Land, das die Welt mit von den Nazis befreit, den ersten Mann auf den Mond geschickt und den Kommunismus in die Knie gezwungen hatte, wurde nun von einer ebenso lächerlichen wie gefährlichen Figur regiert – einem Aufschneider und Hochstapler, dessen Talent darin bestand, sich die dunklen Gefühle einer Nation zunutze zu machen.

Von Chevy Chase zum Weißen Haus sind es nur sechs U-Bahn-Stationen. Aber politisch war Trump Lichtjahre von meiner neuen Heimat entfernt. In den Vorgärten unserer Nachbarn standen Schilder, die an ihrer fortschrittlichen Gesinnung keinen Zweifel ließen: »Biden/Harris«,

»Moms demand action«, das Motto der Waffengegnerinnen in den USA. Oder schlicht: »Bernie«. Nach dem Mord an George Floyd prangte plötzlich ein riesiges »I can't breathe«-Graffiti auf dem Basketball-Platz neben der Grundschule meines Sohnes. Als Donald Trump im Oktober 2019 das Baseball-Stadion der »Washington Nationals« besuchte, wurde er aus tausend Kehlen ausgebuht.

In Chevy Chase konnte man leicht den Eindruck bekommen, als existiere Trump gar nicht. Am Eingang der Grundschule meines Sohnes hing ein Porträt Barack Obamas, der jeden Morgen so freundlich lächelnd die Schüler begrüßte, als sei er noch immer im Amt. Als wir im Dezember 2019 eine Party in unserer Nachbarschaft besuchten, war es das große Tuschelthema, dass unter den 40 Gästen auch ein republikanischer Lobbyist war. »He's a Trump voter«, flüsterte mir ein Bekannter mit dem leicht erregten Unterton eines Forschers zu, der eine seltene Spezies entdeckt hat.

Der Riss, der durch das Land ging, schien das idyllische Chevy Chase nicht erreicht zu haben. Das jedenfalls war über Monate mein Eindruck. Wenn jemand die Schuld daran trug, dass die USA immer unversöhnlicher wurden, dann der Wüterich im Weißen Haus, der täglich per Tweet seinen Zorn mit der Nation teilte: der Mexikaner als Vergewaltiger und Kriminelle beschimpfte und der Millionen Dollar aus dem Verteidigungshaushalt abzweigte, um eine Mauer an der Südgrenze der USA zu bauen. Würde das ganze Land die Toleranz und Menschenfreundlichkeit von Chevy Chase aufbringen, das war mein Eindruck, dann würde Trump bald verschwinden wie ein böser Alptraum.

Dieses Bild wurde zum ersten Mal getrübt, als ich im Frühjahr 2020 mit einem Freund auf einer Bank saß und wir unseren Söhnen beim Fußballtraining zuschauten. Mein Freund ist Österreicher mit amerikanischem Pass, und er berichtete mir von seinem Sohn, der in der Schule zurechtgewiesen worden war, weil er gesagt hatte, er finde nichts dabei, wenn sich Weiße Dreadlocks wachsen lassen. Dreadlocks sind in den USA seit einigen Jahren Gegenstand eines erbittert geführten Kulturkampfes, weil sie - so das Argument - einen Teil der afroamerikanischen Kultur bildeten und es deshalb eine »kulturelle Aneignung« sei, wenn sie von Weißen getragen werden. Inzwischen vergeht in den USA keine Woche, in der nicht der Vorwurf der »cultural appropriation« erhoben wird. Die Debatte treibt bisweilen kuriose Blüten. Im Jahr 2015 veröffentlichte das Gourmetmagazin »Bon Appétit« einen Artikel mit der Überschrift »So gelingen Ihnen wirklich gute Hamantaschen«. (Hamantaschen sind ein Süßgebäck aus der jüdischen Küche.)

Das Rezept stand jahrelang auf der Website des Magazins, ohne dass jemand daran Anstoß genommen hätte - bis sich eine New Yorker Foodbloggerin auf Twitter darüber beklagte, dass die Autorin des Rezepts keine Jüdin sei. Es dauerte nicht lange, bis »Bon Appétit« eine zerknirschte Entschuldigung veröffentlichte. »Die Originalversion dieses Artikels war in einer Sprache abgefasst, die unsensibel gegenüber der traditionellen jüdischen Küche war und die nicht den Standards unserer Marke entsprach«, schrieb die Redaktion unter den Text und kündigte an, sich in einem »Archive Repair Project« auf die Suche nach ähnlichen Sünden in anderen Rezepten zu machen.[1]

Die Idee der »kulturellen Aneignung« war schon immer eine abschüssige Bahn. Denkt man das Konzept konsequent zu Ende, stellen sich schnell komplizierte Fragen: Darf ein chinesischer Klaviervirtuose Bach spielen? Ist es nicht ein Zeichen von kultureller Überheblichkeit, wenn ein britischer Koch ein indisches Currygericht zubereitet? Und müssen sich nicht die Münchener wehren, wenn jedes Jahr Tausende Japaner, Italiener und Norddeutsche zum Oktoberfest in Lederhosen und Haferlschuhe steigen? Auch der Streit um die Dreadlocks wird komplizierter, je näher man hinschaut: Sie waren bei den aztekischen Priestern verbreitet und werden noch heute von einigen hinduistischen Mönchen getragen. Es ist also schwer zu argumentieren, dass sie allein Ausdruck der afroamerikanischen Kultur seien.

Das nächste irritierende Ereignis folgte um den 12. Oktober 2020, als in den USA der »Columbus Day« gefeiert wurde und auch im Unterricht meines Sohnes die Sprache auf den italienischen Seefahrer kam. Natürlich war Kolumbus in der Erzählung der Schule nicht mehr die Heldenfigur, zu der er über viele Jahrzehnte gemacht worden war. Er war nicht der Mann, der Amerika »entdeckt« hat, sondern der ruchlose Geschäftemacher, der unzählige Menschen in Sklaverei und Tod gestürzt hatte.

Es ist richtig und notwendig, über die Schrecken zu reden, die mit der Ankunft der »Santa Maria« für die Ureinwohner Amerikas begonnen hatten. Aber ist es nicht dennoch eine epochale Leistung, sich mit drei Schiffen auf die unbekannten Weiten des Atlantiks zu wagen? Im Gespräch mit meinem Sohn wurde mir klar, wie zögerlich er und seine Mitschüler waren, in der Schule solche Ambivalenzen auch nur zu diskutieren. Als mein Sohn einen amerikanischen Freund fragte, ob er im Unterricht sagen solle, dass Kolumbus - trotz all seiner Fehler - eben doch auch ein Kind seiner Zeit gewesen sei, sagte der, diese Meinung solle er besser für sich behalten. »It will bring you into trouble.« Kinder haben ein feines Gespür für das geistige Klima, in dem sie sich bewegen. So gerne meine Söhne in amerikanische Schulen gingen, so klar war ihnen auch, dass diese Orte sind, wo man Worte sehr genau wägen sollte.

In den USA wird inzwischen eine heftige Debatte darüber geführt, ob öffentliche Schulen zu einem Hort linker Indoktrination geworden sind. Sie wird bestimmt von Dogmatikern auf beiden Seiten. Während die Republikaner in vielen Bundesstaaten dabei sind, ihre Vorstellung von patriotischer Erziehung per Gesetz festzuschreiben, verschließen die Demokraten oft ihre Augen vor der Gefahr, die eine ideologisch durchtränkte Erziehung mit sich bringt. Natürlich ist es notwendig, an den Schulen über das Verbrechen der Sklaverei zu sprechen und wie es die USA von Anfang an geprägt hat. Aber ich verstehe Eltern, die sich dagegen wehren, wenn ihren Kindern in der Schule beigebracht wird, dass das wahre Gründungsdatum der USA nicht etwa die Verkündung der Unabhängigkeitserklärung im Jahr 1776 war, sondern die Ankunft der ersten Sklaven in Virginia im Jahr 1619. Es macht Eltern noch nicht zu reaktionären Hinterwäldlern, wenn sie darauf bestehen, dass das amerikanische Projekt nicht allein aus Gewalt und Unterdrückung besteht.

Der Journalist Damon Linker hat in einem viel beachteten Artikel geschrieben, dass die amerikanische Linke derzeit denselben Fehler wiederhole, den sie in der Ära des republikanischen Kommunistenfressers Joseph McCarthy begangen habe. Statt dessen antidemokratische Hysterie zu bekämpfen und gleichzeitig die Gefahren des Kommunismus ernst zu nehmen, habe sie den McCarthyismus als alleinige Gefahr betrachtet – und die autoritäre Bedrohung von links vernachlässigt.[2] Hat er damit recht?

Ich habe keinen Zweifel daran, dass Trump – wenn er noch einmal an die Macht käme – keine Sekunde zögern würde, die USA in eine Autokratie zu verwandeln. Als ich mit meinen Kollegen in Washington im August 2020 eine SPIEGEL-Titelgeschichte mit der Zeile »Operation Wahlbetrug« schrieb, mussten wir uns danach zum Teil hämischen Spott anhören. Uns wurde der Vorwurf gemacht, wir würden die Gefahr für die amerikanische Demokratie maßlos übertreiben. Als am 6. Januar 2021 das Kapitol gestürmt wurde, spottete niemand mehr.[3]

Als SPIEGEL-Korrespondent habe ich das gesamte Wahljahr 2020 damit zugebracht, die existenzielle Gefahr für die amerikanische Demokratie zu beschreiben. Und diese Gefahr ist noch nicht gebannt. Trumps Versuch, Joe Biden den Wahlsieg zu stehlen, ist erst einmal gescheitert. Aber inzwischen haben viele republikanisch dominierte Staaten ihre Wahlgesetze geändert. Das Ziel ist eindeutig: Es geht darum, im Jahr 2025 Trump oder einen anderen rechten Populisten auch dann ins Oval Office zu bugsieren, wenn er keine Mehrheit hinter sich hat.

Warum also dieses Buch? Warum sich aufhalten mit einer Pädagogik, die rigide und dogmatisch sein mag, aber doch nur das Beste will? Warum Tinte verschwenden wegen ein paar Männern und Frauen, die nach einem unbedachten Satz in einer Vorlesung oder nach einem provokanten Tweet ihren Job verloren haben? Warum sich Gedanken machen über das geistige Klima in der »New York Times«, dem großen Schlachtschiff des liberalen Journalismus, wenn doch gleichzeitig einflussreiche rechte Fernsehsender wie »Fox News« zu Propagandatröten verkommen sind, die sich nicht mehr um die Wahrheit scheren?

Weil ich glaube, dass es fahrlässig wäre, vor dem Fundamentalismus von Teilen der amerikanischen Linken die Augen zu verschließen, nur weil Trump und die Republikaner die viel größeren Sünder sind. Wie kann es sein, dass die Schulaufsicht von San Francisco auf die Idee kommt, die »Dianne Feinstein-Grundschule« umzubenennen, weil die demokratische Senatorin in den Achtzigerjahren gegen die Heirat von Schwulen und Lesben war? Weshalb kommt es an amerikanischen Universitäten zu einem Aufstand von Studenten, wenn Frauen wie Christine Lagarde oder die ehemalige Außenministerin Condoleezza Rice als Rednerinnen eingeladen werden? Und wie konnte es geschehen, dass Teile der #MeToo-Bewegung ein so laxes Verhältnis zu einem Grundpfeiler des Rechtsstaates entwickelten – der Unschuldsvermutung?

Es ist wichtig, sich diesen Fragen zu widmen, weil es um den Kern der liberalen Demokratie geht. Sie wird nicht nur angegriffen von einer populistischen Rechten. Sondern auch von einer doktrinären Linken, die im Namen von Antirassismus, Gleichberechtigung und des Schutzes von Minderheiten versucht, Prinzipien zu untergraben, die essenziell sind: die Rede- und Meinungsfreiheit; die Idee, dass jeder vor dem Gesetz gleich ist; den Grundsatz, dass niemand wegen seiner Hautfarbe oder seines Geschlechts benachteiligt werden sollte.

Ich werde in diesem Buch die geistigen Wurzeln dieses neuen Dogmatismus beschreiben. Ich werde erklären, wie abstrakte akademische Ideen, die Denker wie Michel Foucault im Frankreich der Sechziger- und Siebzigerjahre entwickelt hatten, später in den USA zu effektiven Waffen im politischen Meinungskampf verwandelt wurden. Ich werde erläutern, wie diese Waffen dazu benutzt wurden, den offenen Diskurs an amerikanischen Universitäten zu ersticken. Ich werde zeigen, wie der Geist der Illiberalität Hörsäle und Bibliotheken verließ und in Institutionen eindrang, die das alltägliche Leben in den USA prägen: in Medienhäuser wie die »New York Times« oder CNN; in Konzerne wie Amazon oder McDonald's; aber auch in Schulen und die öffentliche Verwaltung.

Das Phänomen, das ich in diesem Buch zu beschreiben versuche, wird unter vielen Schlagworten diskutiert: »Identitätspolitik«, »Wokeness«, »Cancel Culture«. Ich werde später auf diese Begriffe eingehen und auf die Frage, wie präzise und sinnvoll sie sind. Aber ein häufiger Einwand von linker Seite lautet, dass es so etwas wie »Cancel Culture« gar nicht gebe; dass es ein Mythos sei, dass man wegen eines falschen Wortes oder eines umstrittenen Artikels seinen Job oder seine Reputation verlieren könne. Dieses Buch ist deshalb zum Teil auch eine Reise durch Amerika.

Ich habe mit Menschen gesprochen, die zu Opfern, aber auch zu Profiteuren dieses neuen Zeitgeistes geworden sind. Im Hudson Valley traf ich Ian Buruma, einen freundlichen älteren Herren, der nach einem Empörungssturm von #MeToo-Aktivistinnen im Netz als Chefredakteur der »New York Review of Books« gefeuert worden war. In einem Café in New York sprach ich mit David Shor, einem jungen demokratischen Meinungsforscher, den ein nach allen vernünftigen Maßstäben vollkommen harmloser Tweet den Job gekostet hatte. In einem Hotel in Orlando begegnete ich Chris Rufo, einem rechten Aktivisten, der mit seiner Kampagne gegen das »woke« Amerika zu einem wohlhabenden Mann geworden ist.

Was hat das alles mit Deutschland zu tun? Dieses Buch ist auch eine Warnung. Alle kulturellen und geistigen Trends aus den Vereinigten Staaten prägen über kurz oder lang auch uns. Wie in den USA ist auch das linke Lager in Deutschland seit dem Zusammenbruch des Kommunismus auf der Suche nach einer neuen Welterklärungsformel. Karl Marx hat Religion als »Opium des Volkes« bezeichnet, was nicht ohne Ironie ist, denn seine Lehre konnte im Laufe der Zeit auch deshalb eine solche Wirkung entfalten, weil sie in der praktischen Anwendung so deutliche Analogien zu religiösen Heilslehren hervorbrachte.

Ganz ähnlich verhält es sich mit der Ideologie, die ich in diesem Buch zu beschreiben versuche. Auch sie kommt im Gewand einer durch und durch weltlichen Emanzipationsbewegung daher, steckt aber voller religiöser Anleihen: die Ursünde des Weißseins, die auch mit einer steten und kritischen Selbstbefragung nicht zu tilgen ist; die manichäische Spaltung der Welt, in der weiße Männer alle anderen Menschen (Frauen, Schwarze, Homosexuelle, Transgender) unterdrücken. Die öffentlichen Selbstgeißelungen, die selbst nach den geringfügigsten Verfehlungen notwendig sind.

Wer glaubt, ich male an dieser Stelle mit einem zu groben Pinsel, dem sei die Lektüre der Bücher von Robin DiAngelo und Ibram X. Kendi empfohlen, die zu den einflussreichsten Autoren der amerikanischen Antirassismus-Schule zählen und die auch in Deutschland enorm populär geworden sind. »Eine positive weiße Identität ist nicht möglich«, schreibt DiAngelo in ihrem Bestseller »White Fragility«. »Eine weiße Identität ist inhärent rassistisch; es gibt keine weißen Menschen außerhalb des Systems weißer Dominanz.«[4] Kendis Bücher wiederum sind zum Teil bewusst aufgebaut wie religiöse Anleitungen zur Gewissenserforschung.

Man mag das für Entwicklungen halten, die so nur in den USA möglich sind. Aber auch in der Bundesregierung wird der notwendige Kampf gegen die Diskriminierung von nichtweißen Menschen inzwischen als »Antirassismus« bezeichnet – eine Ideologie, die in den USA entwickelt wurde und die strengen Glaubenssätzen folgt, wie ich später zeigen werde. Auch in Deutschland gibt es die Tendenz, dass die Medien ihren Nachwuchs aus dem immer gleichen Milieu rekrutieren. Ich habe mit Professoren gesprochen, die sehr anschaulich beschreiben, wie sich an deutschen Universitäten ein unangenehmer Dogmatismus breitmacht.

Wir in Deutschland haben es noch in der Hand, jene Polarisierung zu verhindern, die die politische Kultur in den USA vergiftet. Dazu ist der Kampf gegen eine politische Rechte notwendig, die den Boden des Grundgesetzes verlassen hat. Aber um eine lebendige Demokratie zu erhalten, braucht es auch ein waches Auge für die illiberalen Entwicklungen in der politischen Linken. Es wäre ein Fehler, wenn wir in Deutschland derselben Dynamik folgen wie in den USA, wo sich die Extreme gegenseitig hochschaukeln und eine dogmatische Linke zum Antrieb und Lebenselixier einer radikalen Rechten geworden ist.

Dieses Buch ist nicht aus einer konservativen, sondern einer liberalen Perspektive geschrieben. Ich werde in den beiden Schlusskapiteln darlegen, warum sich das demokratische Lager selbst schadet, wenn es zu illiberalen Methoden greift. Ich halte es für verhängnisvoll, wenn nicht mehr das Gewicht eines Argumentes zählt, sondern die Hautfarbe oder das Geschlecht einer Person, die es ausspricht. Ich glaube, dass nur die Demokratiefeinde davon profitieren, wenn der offene Diskurs mit dem Vokabular der Empörung unterdrückt wird; wenn Menschen das Gefühl bekommen, sie können nicht mehr ihre Meinung sagen, weil sie dann sofort abgestempelt werden: als Rassisten, als Querdenker, als Corona-Leugner, als Putin-Versteher.

Noch gibt es in Deutschland keinen Trump. Aber im Bundestag und in 15 Landesparlamenten sitzt eine rechtspopulistische Partei, die auch deshalb so stark geworden ist, weil viele Wähler das Gefühl bekommen haben, sie würden mit ihren Anliegen von den Medien und den etablierten Parteien nicht ernst genommen. Im Sommer 2021 hat eine Umfrage des Meinungsforschungsinstituts Allensbach auch im linken Lager für ein kurzes Innehalten gesorgt. Demnach glaubten nur noch nur 45 Prozent der Deutschen, frei ihre politische Meinung äußern zu können: 44 Prozent widersprachen. Für einen kurzen Moment schien es so, als würde eine Debatte in Gang kommen, ob es nicht ein Problem für die Demokratie sein könnte, wenn die Bürger nicht mehr offen artikulieren, was sie denken.[5]

Aber dann wurden solche Gedanken mit dem Argument beiseite gewischt, dass die Erhebung im Grunde gar keine Aussagekraft besitze. Denn die Frage der Allensbach-Forscher lautete: »Haben Sie das Gefühl, dass man heute in Deutschland seine politische Meinung frei sagen kann, oder ist es besser, vorsichtig zu sein?« In einem Kommentar auf »Zeit Online« hieß es, diese Frage ließe schon deshalb keinen Rückschluss auf die Meinungsfreiheit zu, weil Vorsicht immer angeraten sei, »allein aus Selbstschutz«. Das Problem ist nur, dass die Demokratie jedem die Möglichkeit lässt, Unmut und Protest anonym in der Wahlkabine zu artikulieren, wenn sie oder er das Gefühl hat, es nicht offen tun zu können.[6]

Ein paar Monate nach meiner Ankunft in Washington traf ich an der U-Bahn-Station Friendship Heights einen älteren Herrn in einem Cordsakko, der neben mir sein schickes italienisches Rennrad abschloss. Wir kamen schnell ins Gespräch, weil wir gefühlt die beiden einzigen Radfahrer in Chevy Chase waren. Ich dachte zuerst, Milton – so lautet der Name des Mannes – sei ein Geschichtsprofessor an der Georgetown University oder ein liberaler Beamter im State Department. Aber auf der U-Bahnfahrt in die Stadt stellte sich heraus, dass er ein tiefgläubiger Katholik ist, den es sehr beeindruckt hat, wie es Trump gelungen war, den Katholiken Brett Kavanaugh an den Supreme Court zu bugsieren.

Milton war sein ganzes Leben lang ein überzeugter Republikaner. Doch es gab Zeiten, in denen er noch die liberale »Washington Post« abonniert hatte und sich mit seinen Nachbarn angeregt über Politik unterhielt. Das ist vorbei.

Die »Post«, sagte mir Milton, sei zu einem linken Propagandablättchen verkommen, und im gegenwärtigen politischen Reizklima verkneife er sich lieber Debatten mit den Nachbarn. »Wenn die wüssten, dass ich Trump wähle, würden sie mir einen Stein durchs Fenster werfen.«

Inzwischen gibt es Millionen Menschen wie Milton, und zwar nicht nur in den USA. Männer und Frauen, die aufgehört haben, Blätter wie die »Washington Post«, »Le Monde« oder den »SPIEGEL« zu lesen und die sich entweder von den etablierten Parteien abgewendet haben – oder im Stillen Populisten wie Trump, Marine Le Pen oder Alexander Gauland wählen. Man mag die Methodik der Allensbach-Studie zur Meinungsfreiheit hinterfragen. Aber sie offenbart einen Trend, der sich auch in anderen westlichen Ländern zeigt. Laut einer YouGov-Umfrage aus dem November 2021 erklärten 57 Prozent der Briten, dass sie manchmal nicht ihre Auffassung zu politischen oder sozialen Themen äußern, weil sie negative Konsequenzen fürchten.[7]

Im März 2022 veröffentlichte die »New York Times« einen langen Kommentar mit der Überschrift »Amerikas Problem mit der Meinungsfreiheit«. Darin heißt es, den Amerikanern entgleite gerade ein Recht, »das fundamental ist für Bürger einer freien Gesellschaft: das Recht, öffentlich seine Gedanken auszusprechen und seine Meinung zu artikulieren, ohne Angst haben zu müssen, beschimpft oder gemieden zu werden«. Der Artikel war begleitet von einer Umfrage, wonach es 84 Prozent der Amerikaner für ein Problem halten, dass manche Mitbürger ihr Recht auf freie Meinungsäußerung nicht mehr ausüben, weil sie Angst vor den Konsequenzen haben. 55 Prozent sagten, sie hätten in den vergangenen Jahren schon ihren Mund gehalten, weil sie harsche Kritik oder gar Vergeltung fürchteten.[8]

Woran liegt das? Wie kommen solche Zahlen zustande? Man kann die Gegenwart und das geistige Klima, in dem wir leben, nur dann erfassen, wenn man die neue Orthodoxie zu verstehen versucht, die in den vergangenen Jahrzehnten an amerikanischen Universitäten entwickelt wurde und die auch den Diskurs in Deutschland mitbestimmt. Wer sich fragt, warum inzwischen schon der Satz »Wir sind alle Menschen« eine Grenzüberschreitung darstellt, muss sich in das Werk des New Yorker Psychologieprofessors Derald Wing Sue vertiefen. Wer wissen will, warum Feministinnen wie Alice Schwarzer plötzlich als »transphob« beschimpft werden, wenn sie sagen, dass Menschen mit Vagina Frauen sind, der muss sich mit den verschlungenen Texten von Judith Butler beschäftigen. Es hat einen tieferen Grund, warum Menschen plötzlich ihren Job verlieren, die noch vor Kurzem dachten, sie würden mit ihrer Meinung und ihrer politischen Einstellung in der Mitte der Gesellschaft stehen.

2 IAN BURUMA ODER: ES KANN JEDEN TREFFEN

Das Schlimmste, sagt Ian Buruma, sei nicht die Angst vor dem finanziellen Absturz. Oder die Sorge, plötzlich ohne Krankenversicherung dazustehen. Das Schlimmste sei das Gefühl, ein Ausgestoßener in einer Welt zu sein, zu der er über so viele Jahrzehnte wie selbstverständlich gehört hatte. Der Redakteur, der sagt, er würde ja gerne weiter seine Artikel drucken. »Aber die jungen Kollegen, du verstehst ...« Die renommierte Zeitung, die einfach nicht mehr anruft, obwohl er jahrelang für sie geschrieben hat. »Es dauert sehr lange, bis man das psychologisch verarbeitet«, sagt Buruma.

Der Tag, an dem sein Leben kollabierte, war Mitte September 2018. Der Eigner der »New York Review of Books« (NYRB), Rea Hederman, hatte Buruma in sein Büro bestellt. Aber dass er an diesem Tag - nach nur 16 Monaten als Chefredakteur - seinen Job verlieren würde, hätte er sich niemals träumen lassen. »Ich war völlig geschockt«, sagt Buruma.

Hatte Hederman ihm nicht immer wieder versichert, er würde dem Sturm trotzen?

Der Ärger fing an, als Buruma sich dazu entschieden hatte, einen Text von Jian Ghomeshi abzudrucken. Es war ein Risiko, das war Buruma klar. Ghomeshi, Kind iranischer Eltern, war ein Star in Kanada, ein Rockmusiker, der zu einem gefeierten Radiomoderator aufstieg, bis seine Karriere im Oktober 2014 jäh endete. Der Absturz begann mit einer Artikelserie im »Toronto Star«, in der drei Frauen davon berichteten, wie Ghomeshi sie geschlagen, gewürgt und nach dem Sex verbal attackiert haben soll. Sie sorgte dafür, dass sich sein Arbeitgeber, der öffentlich-rechtliche Sender CBC, von Ghomeshi trennte. Innerhalb kurzer Zeit brachte über ein Dutzend Frauen ähnliche Anschuldigungen gegen ihn vor, und am Ende wurde Ghomeshi wegen des Vorwurfs sexueller Übergriffe in mehreren Fällen angeklagt.

Der Prozess begann am 1. Februar 2016 – und endete mit einem Freispruch. Wie so oft in diesen Fällen, in denen es nur zwei Beteiligte gibt und Aussage gegen Aussage steht, blieb die Beweislage schwierig. Was am Ende den Ausschlag für Ghomeshi gab, war die Tatsache, dass die Frauen, die ihn beschuldigt hatten, sich in offene Widersprüche verstrickten. Der Richter sprach davon, dass sie das Gericht getäuscht und zum Teil den Schwur ignoriert hätten, die Wahrheit zu sagen. Ein weiterer Anklagepunkt wurde später zurückgezogen, nachdem Ghomeshi eingewilligt hatte, sich öffentlich bei einer der Frauen zu entschuldigen.[1]

Ghomeshis Essay in der »New York Review of Books« trug die Überschrift »Reflections from a Hashtag«. Es war der Erfahrungsbericht eines Mannes, der von einem ordentlichen Strafgericht entlastet worden war, nicht aber vom Gerichtshof der öffentlichen Moral - und dem deshalb die Rückkehr in sein altes Leben verwehrt blieb. »Mein Freispruch ließ nicht nur meine Anklägerinnen, sondern auch viele Beobachter zutiefst unbefriedigt zurück«, schrieb Ghomeshi. »Es gab das Gefühl, dass ich - trotz der juristischen Entlastung - mit großer Sicherheit ein Premium-Arsch sei, vielleicht sogar ein sexuell übergriffiger Tyrann, für den es nicht genügt, wenn er nur seine Karriere und sein Ansehen verliert.«[2]

Es war ein weinerlicher Text, und ganz sicher ließ Ghomeshi die Vorwürfe gegen sich in einem milden Licht erscheinen. Andererseits: Ist es die Aufgabe eines Erfahrungsberichtes, Vorwürfe zu wiederholen, die Ghomeshi immer bestritten hat und die von einem Gericht nicht erhärtet werden konnten? Ghomeshi hat sich nicht als moralisch einwandfreier Mensch dargestellt. Er schildert, wie das Daten von Frauen und Sex eine Art Statussymbol für ihn geworden seien. Es gäbe alle möglichen Wörter, um Männer wie ihn zu beschreiben, schreibt Ghomeshi: »Spieler, Fiesling, Schuft, Schürzenjäger.«

Buruma war 65 Jahre alt, als er die »New York Review of Books« übernahm, eine der führenden intellektuellen Zeitschriften der englischsprachigen Welt. Der Neffe des Regisseurs und Oscar-Gewinners John Schlesinger war in Den Haag aufgewachsen und hatte viele Jahre seines Lebens in Asien als Journalist und Dokumentarfilmer verbracht. Er hatte für den britischen »Guardian« geschrieben und die »New York Times«; Buruma forschte als Fellow am Wissenschaftskolleg in Berlin und an der Universität Oxford. Bevor er als Chefredakteur der NYRB begann, war er über zehn Jahre lang Professor am Bard College gewesen, einer Hochschule im Hudson Valley nördlich von New York City, die in den Vierzigerjahren des vergangenen Jahrhunderts etlichen Intellektuellen aus Europa eine neue Heimat geboten hatte und auf deren Friedhof die Philosophin Hannah Arendt begraben liegt. Er habe sich sein ganzes Leben lang als Liberaler verstanden, sagt Buruma in seinem Büro am Bard College, wo er wieder Zuflucht fand, nachdem der Sturm der Entrüstung über ihn hinweggefegt war.

Schon vor der Veröffentlichung des Textes von Ghomeshi habe es in der NYRB-Redaktion Kontroversen gegeben, sagt Buruma. »Es hatte nichts mit Mann oder Frau zu tun, die Trennlinie verlief eher zwischen den Generationen.« Vor allem jüngere Mitarbeiter hätten Bedenken angemeldet. »Aber am Ende dachte ich: ›Ich bin der Chefredakteur, und ich muss entscheiden.‹« Dass der Artikel von Ghomeshi mehr als nur eine Debatte auslösen würde, ahnte Buruma, als er im Internet die Runde machte, noch bevor er veröffentlicht worden war.

Offenbar hatte ihn ein empörtes Redaktionsmitglied durchgestochen, und auf Twitter sorgte der Text für maximale Empörung. »Warum müssen wir Männern beim Jammern zuhören?«, schrieb die Feministin Mona Eltahawy. »Was bringt es uns, diesen manipulativen und räuberischen Frauenfeinden Gehör zu schenken?« Damit war der Ton gesetzt.[3]

Um die Wogen zu glätten, gab Buruma dem Online-

Magazin »Slate« ein Interview. Er habe den Text abgedruckt, weil er eine Debatte anstoßen wollte, wie man mit Menschen umgehen soll, die moralisch, aber nicht im strafrechtlichen Sinne gefehlt haben, sagte Buruma. Aber in der allgemeinen Aufregung blieb nur eine einzige Aussage hängen: Auf den Einwand, dass Ghomeshi Frauen übel misshandelt und sogar ins Gesicht geschlagen haben soll, verwies Buruma auf den Freispruch und sagte, alles andere sei »nicht wirklich seine Sache«. Es war ein Satz, der im Netz hochging wie eine Bombe.[4]

Buruma ist selbst nicht auf Twitter, er empfindet das als Zeitverschwendung. Außerdem hält er es für klüger, sich von den Erregungszyklen im Netz fernzuhalten - weshalb er von dem digitalen Sturm, den der Essay entfachte, nur aus zweiter Hand erfuhr. Wie viele Menschen, die auf Twitter in die Kritik geraten, beruhigte sich auch Buruma mit dem Gedanken, dass die Empörung nichts mit dem realen Leben zu tun habe. Außerdem hatte ihm sein Verleger versichert, dass er trotz der Aufregung zu ihm halten werde, weshalb sich Buruma auch nicht weiter sorgte, als ihn Hederman an jenem Septembermorgen in sein Büro bat. Dort eröffnete er Buruma, dass es besser wäre, wenn er von sich aus den Posten als Chefredakteur niederlegte. »Ich war völlig geschockt, weil ich es überhaupt nicht erwartet hatte«, sagt Buruma. »Ich hätte fragen sollen: Warum? Und mich weigern, zurückzutreten.« Aber dafür habe ihm in dem Moment die Coolness gefehlt. Völlig überrumpelt willigte Buruma ein, von sich aus den Rückzug zu erklären. In einem Pressestatement des Verlages hieß es, es habe Fehler bei der Präsentation und der Redigatur des Textes von Ghomeshi gegeben. Unter anderem sei er vor dem Abdruck keiner Redakteurin gezeigt worden; ein Vorwurf, den Buruma bestreitet. Hederman selbst reagierte nicht auf eine Anfrage für ein Gespräch.

Er glaube, dass der Herausgeber vor allem von der Angst vor einem Aufstand in der Redaktion getrieben worden sei, sagt Buruma heute. Seine Kritiker seien sehr laut, aber nicht unbedingt in der Mehrheit gewesen. »Es ist immer dasselbe Muster in diesen Fällen«, sagt Buruma. Die Institutionen und deren Chefs hätten Angst vor dem Konflikt mit den eigenen Leuten und einem negativen Presseecho und knickten deshalb vor einer lauten Minderheit ein. Die moderaten Stimmen im eigenen Haus, die mit diesem Vorgehen eigentlich nicht einverstanden seien, hielten lieber den Mund, weil sie um den eigenen Job fürchteten.

Wenn man so will, hatte Buruma noch Glück. In einem offenen Brief setzten sich Dutzende Künstler und Intellektuelle für ihn ein, darunter der Schriftsteller Ian McEwan und die Historikerin Anne Applebaum. »Das NYRB wurde auf dem Prinzip der offenen intellektuellen Debatte gegründet. Die Entlassung [Burumas] verletzt den Auftrag des Magazins: den freien Austausch von Ideen«, hieß es in dem Schreiben. Aber an dem Rauswurf änderte dies nichts mehr. Der Herausgeber veröffentlichte den Brief zwar - allerdings begleitet von empörten Leserbriefen.[5]

Auf den ersten Blick ist Buruma nicht sonderlich tief gefallen. Es kostete ihn nur einen Anruf, und er konnte seinen alten Job als Professor am Bard College wieder aufnehmen. Gleichzeitig aber vermieden es zunächst etliche Zeitungen und Zeitschriften, für die Buruma so lange geschrieben hatte, wieder mit ihm zusammenzuarbeiten. Der »Guardian« veröffentlichte eine wütende Attacke auf ihn aus der Feder der Kolumnistin Moira Donegan, die ihm vorwarf, die #MeToo-Bewegung verraten zu haben. »Diejenigen, die zu defensiv, zu wenig neugierig oder zu borniert sind, um sich ehrlich mit MeToo zu beschäftigen, missachten eine der größten intellektuellen Errungenschaften unserer Zeit«, schrieb sie.[6]

Der Text war die kaum verhohlene Aufforderung, dass sich Journalisten ohne Wenn und Aber in den Dienst einer Sache zu stellen haben. Und er war nicht der Einzige, der diese Melodie anschlug. Im amerikanischen Online-Magazin »Vox« schrieb Constance Grady, Essays wie die von Ghomeshi trügen dazu bei, jenes patriarchale System zu verstärken, »dass die Geburt der #MeToo-Bewegung erst notwendig gemacht hat.«[7] Jia Tolentino erklärte im »New Yorker«, #MeToo sei ein so epochaler Durchbruch, dass sich Widerspruch im Grunde verbiete: »Dies ist eine zutiefst ungewöhnliche Situation in der menschlichen Geschichte, und seit Kurzem machen sich Gegenkräfte daran, das Universum wieder ins Gleichgewicht zu bringen. Frauen hatten ›ihren Moment‹, sie standen in einem einmaligen Licht der kulturellen Gunst. Aber die männliche Gravitationskraft wirkt, und sie zieht die Aufmerksamkeit dahin zurück, wo sie gewöhnlich immer war: bei der männlichen Heldengeschichte.«[8]

Aus den Texten spricht ein Eifer, den man sonst aus revolutionären Bewegungen kennt - die Gewissheit, auf der richtigen Seite der Geschichte zu stehen und die gleichzeitige Unduldsamkeit mit allen, die sich nicht dem Gebot der Stunde unterwerfen. Es ist nicht so, dass sich Buruma gegen #MeToo gewandt hätte, im Gegenteil. »Ich habe absolut keinen Zweifel daran, dass die #MeToo-Bewegung eine Korrektur männlichen Verhaltens darstellt, das einer gleichberechtigten Arbeit im Wege steht«, sagte Buruma im Interview mit dem »Slate«-Magazin. Aber schon die Veröffentlichung des Ghomeshi-Textes reichte, um ihn in Ungnade fallen zu lassen – was nicht ohne Ironie ist, weil dieser ja zeigen sollte, wie unerbittlich der Gerichtshof der öffentlichen Meinung ist.

Ist es sinnvoll, Texte wie die von Ghomeshi abzudrucken? Warum jemanden, der Leid über andere gebracht hat, auch noch mit Aufmerksamkeit belohnen? Aber bei Ghomeshi liegen die Dinge nicht so eindeutig. Er wurde freigesprochen, und auch wenn man der Meinung ist, dass sein Verhalten so eklatant gegen moralische Standards verstößt, dass es auf andere Weise geahndet werden sollte, stellt sich die Frage nach dem Strafmaß, das sich ja nicht in Geld oder Gefängnisjahren bemisst, sondern im Grad und der Länge der öffentlichen Ächtung. Wie aber soll man die ermessen, wenn zur Strafe gehört, kein öffentliches Forum mehr zu erhalten – wenn also dem Delinquenten das Recht abgesprochen wird, über sein neues Leben am Pranger auch nur zu sprechen?

Buruma hat sich immer die Distanz zu dem Land bewahrt, in dem er nun schon seit vielen Jahren lebt. Er habe sich oft die Frage gestellt, sagt er in seinem Büro, warum die Vereinigten Staaten so viel anfälliger seien für moralische Aufwallungen als europäische Länder wie Frankreich oder Italien. Seine Theorie lautet, dass die USA immer noch ein zutiefst religiöses Land sind. »Auch wenn die Leute hier nicht mehr zur Kirche gehen, sind sie stark von einem protestantischen Ethos geprägt.« Katholiken seien es gewohnt, ihre Sünden im Beichtstuhl zu offenbaren. Zur protestantischen Tradition gehöre es, die eigenen Verfehlungen öffentlich zu bereuen und die Reinheit des Glaubens zu beteuern. »Das ist eine sehr amerikanische Tradition, und es gibt sie auch in der säkularen Variante: Wenn ein Schauspieler mit einer Prostituierten erwischt wird, geht er in die Show von Oprah Winfrey und entschuldigt sich bei den Amerikanern.«

Ein Redakteur eines bekannten Magazins habe ihm geraten, öffentlich Abbitte zu leisten, um wieder veröffentlichen zu können. »Aber ich kann mich nicht für etwas entschuldigen, wenn ich nicht ehrlich der Meinung bin, dass ich etwas Falsches getan habe«, sagt Buruma. »Ich glaube, es wäre ein furchtbarer Fehler gewesen. Und ich bin mir nicht einmal sicher, ob es etwas geholfen hätte.«

Was ihn am meisten belaste, sei das Gefühl, ein Heimatloser zu sein, sagt Buruma. »Das ist der Unterschied zwischen dem Kulturkrieg heute und der antikommunistischen Hysterie in den USA der Fünfzigerjahre. Wenn man 1953 beschuldigt wurde, ein Kommunist zu sein, verlor man vielleicht seinen Job und ein paar Freunde. Aber die Frontlinien waren klar. Wenn man ein Linker war, hatte man das linke Lager auf seiner Seite. Die Gegner waren die Rechten und die Antikommunisten. Aber für mich fühlt es sich so an, als würde ich aus meiner eigenen Welt verstoßen werden.«

Buruma war immer ein Grenzgänger zwischen den Welten. Für den »New Yorker« schrieb er über die Gay Pride in

Amsterdam, die im Jahr 2009 von einem Muslim eröffnet worden war; für den »Guardian« über erotische Kunst in Japan. Seine Bücher befassten sich mit dem komplizierten Verhältnis zwischen den USA und Großbritannien, er schrieb ein hochgelobtes Buch über das letzte Kriegsjahr 1945. Im Magazin der »New York Times« dachte er in einem Essay darüber nach, ob eine islamische Demokratie im Irak möglich sei. Es war immer schwer, Buruma einem Lager zuzuordnen. Vielleicht wurde ihm auch das zum Verhängnis.

Man kann den Fall Buruma als Problem eines Journalismus begreifen, der den Mut verloren hat, kontroverse Debatten anzustoßen und diese dann auch auszuhalten. Wozu braucht es liberale Blätter, die am Ende doch nur den Comment einer Filterblase in Netz abbilden? Buruma treibt aber noch ein viel grundsätzlicheres Problem um. Das aufgeklärte Lager sei im Kampf gegen Donald Trump auch deshalb so schwach, weil es vor allem damit beschäftigt sei, den Feind in den eigenen Reihen zu suchen. »Ich mache diesen Vergleich nicht leichtherzig, aber ein bisschen ist es wie in der Weimarer Republik«, sagt Buruma. Damals hätten die Kommunisten die Nazis gehasst, aber fast noch mehr die Sozialdemokraten. Auch heute stünden Liberale wie er von allen Seiten unter Beschuss, sagt Buruma: von Trump genauso wie von der dogmatischen Linken. »Und das ist eine Gefahr für die Demokratie.«

3 ALLES IST DISKURS ODER: DIE NEUE SPRACHE DER MACHT

Manche Revolutionen schreiten schleichend voran, und die meisten Menschen merken erst im Laufe der Zeit, wie sehr sich die Welt um sie herum verändert hat. Aber auch diejenigen, die heute die Revolution vorantreiben, hantieren mit einem Vokabular, das sie häufig mehr verinnerlicht als verstanden haben: White Privilege, Mikroaggressionen, patriarchale Strukturen. Man muss nicht die Schriften Derrick Bells gelesen haben, um in den Zorn gegen einen Professor einzustimmen, der in einer Klausur ein unsensibles Wort benutzt hat. Es ist nicht notwendig, sich in Kimberlé Crenshaws Konzept der Intersektionalität zu vertiefen, um mit großer Geste zu fordern, dass sich Widerspruch verbietet, wenn eine marginalisierte Stimme spricht. Es genügt, den Zeitgeist zu erfühlen. Die Ideen einer Generation werden zu den Instinkten der nächsten, schrieb der Schriftsteller D. H. Lawrence.

Aber was sind das für Ideen? Es gibt viele Denker, die

das geistige Fundament für die Phänomene gelegt haben, die ich in diesem Buch zu beschreiben versuche. Man könnte mit dem deutschen Soziologen Herbert Marcuse anfangen, der während der Nazizeit in die USA emigrierte und 1965 einen Essay mit dem Titel »Repressive Toleranz« veröffentlichte. Marcuse, der 1979 in Starnberg starb, blieb vor allem als Vordenker der Studentenrevolte in Erinnerung; aber sein kurzer, nur 36-seitiger Aufsatz wirkt bis heute nach.[1]

In ihm vollführt Marcuse eine bemerkenswerte gedankliche Volte: Er erklärt die Toleranz, die das Zusammenleben von Menschen verschiedener Religionen und Bekenntnisse überhaupt erst möglich gemacht hat, zu einem Unterdrückungsinstrument in den Händen der Mächtigen - und zwar gerade in den Demokratien des Westens. Das Argument von Marcuse geht in zwei Richtungen. Zum einen schaffe die Toleranz eine Art Fiktion der Freiheit. Gerade weil die Bürger das Recht hätten, ihre Meinung zu äußern und zu wählen, würden sie sich in der Illusion wiegen, ein selbstbestimmtes Leben zu führen. Toleranz werde so »zu einem Instrument, die Knechtschaft freizusprechen«, schreibt Marcuse. Auf der anderen Seite sei die Forderung nach Toleranz ein Mittel der Mächtigen, um ihre Politik mit dem Argument durchzusetzen, diese sei zum Wohle aller da: »Toleranz gegenüber dem radikal Bösen erscheint jetzt als gut, weil sie dem Zusammenhalt des Ganzen dient auf dem Wege zum Überfluss ...«[2]

Marcuses Essay ist geprägt vom Zeitgeist der Sechzigerjahre - dem Widerstand gegen den Vietnamkrieg und der Kritik der amerikanischen Linken an der Konsumgesellschaft. Marcuse plädiert grundsätzlich für einen offenen Diskurs, den er aber unter den Bedingungen einer kapitalistischen Gesellschaft für unmöglich hält: »Unter der Herrschaft der monopolistischen Medien – selber bloße Instrumente ökonomischer und politischer Macht – wird eine Mentalität erzeugt, für die Recht und Unrecht, Wahr und Falsch vorherbestimmt sind, wo immer sie die Lebensinteressen der Gesellschaft berühren.« In der »totalitären Demokratie« würden die Herrschenden immer Mittel und Wege finden, sich an der Macht zu halten. Deshalb fordert Marcuse, politische Kräfte, die seiner Ansicht nach dem Fortschritt im Wege stehen, aus dem öffentlichen Diskurs zu verbannen:

»Dazu würde gehören, dass Gruppen und Bewegungen die Rede- und Versammlungsfreiheit entzogen wird, die eine aggressive Politik, Aufrüstung, Chauvinismus und Diskriminierung aus rassischen und religiösen Gründen befürworten oder sich der Ausweitung öffentlicher Dienste, sozialer Sicherheit, medizinischer Fürsorge usw. widersetzen. Darüber hinaus kann die Wiederherstellung der Denkfreiheit neue und strenge Beschränkungen der Lehren und Praktiken in den pädagogischen Institutionen erfordern, die ihren ganzen Methoden und Begriffen nach dazu dienen, den Geist ins etablierte Universum von Rede und Verhalten einzuschließen – und dadurch a priori einer rationalen Einschätzung der Alternativen vorzubeugen.«[3]

Es ist ein Argumentationsmuster, das in kaum abgewandelter Form in den vergangenen Jahren an amerikanische Universitäten zurückgekehrt ist. Inzwischen gibt es fast wöchentlich einen Fall, in dem ein Professor suspendiert oder eine Gastrednerin ausgeladen wird, weil sie Meinungen vertreten, die als unsensibel, rückständig oder verletzend gegenüber Minderheiten gelten. Insofern war Marcuse einer der Pioniere des Gedankens, dass Meinungsfreiheit, die konstitutiv für jede Demokratie ist, im Kern nichts weiter darstellt als einen Knüppel in der Hand der Herrschenden.

Man muss Marcuse zugutehalten, dass er aus seiner unbedingten Parteilichkeit nie einen Hehl gemacht hat. Es gehe ihm, so schreibt er, um den systematischen »Entzug von Toleranz gegenüber rückschrittlichen und repressiven Meinungen«. Denkt man Marcuses Gedanken konsequent zu Ende, hätten bei der amerikanischen Präsidentschaftswahl 1964 sowohl Präsident Lyndon B. Johnson als auch sein Herausforderer Barry Goldwater disqualifiziert werden müssen. Johnson, weil er den Vietnamkrieg fortführte und deswegen als Militarist zu gelten hatte. Goldwater widersetzte sich dem »Civil Rights Act« von 1964, der die Rassentrennung im Süden der USA beenden sollte.

Es liegt auf der Hand, dass eine Theorie, die praktisch das gesamte politische Spektrum der USA zu Antidemokraten erklärt, selbst totalitäre Züge trägt, weshalb in den Vereinigten Staaten in der jüngsten Vergangenheit eine heftige Debatte darüber entbrannt ist, inwieweit Marcuse und die marxistisch beeinflusste »Frankfurter Schule«, der er angehörte, wirklich prägend sind für die aktuellen Debatten. Gerade Vertreter der einflussreichen »Critical Race Theory« haben das als hysterischen antikommunistischen Reflex zurückgewiesen.

Allerdings wird Marcuse immer noch angeführt, etwa wenn es darum geht, in den USA einer progressiven Pädagogik zum Durchbruch zu verhelfen. Im Jahr 2005 veröffentlichte Stephen Brookfield, Professor an der University of St. Thomas in Minnesota, einen Aufsatz, der stark von Marcuses Theorie geprägt ist. Laut Brookfield genügt es nicht, wenn Lehrer im Unterricht verschiedene Stimmen präsentierten, also auch die von schwarzen oder asiatischen Gelehrten. Denn dies würde nur dazu führen, dass diese neben den weißen Wissenschaftlern als das »exotisch Andere« wirkten, schreibt Brookfield. »Weiße Lehrer können ihr Gewissen beruhigen und sich in dem Glauben wiegen, dass ein Schritt in Richtung Inklusion und kultureller Gleichheit getan ist.« Um echte Toleranz in Sinne von Marcuse zu erreichen, sei es notwendig, die »Ideologie des Mainstreams« konsequent aus dem Unterricht zu verbannen – etwa indem ein Programm zur Erwachsenenbildung nur afrika-zentristische Stimmen und Überlegungen zulässt. Brookfield plädiert, mit anderen Worten, für eine radikale Einseitigkeit in Namen des Fortschrittes.[4]

Zum anderen waren Marcuse und die »Frankfurter Schule« Vordenker für eine Generation von Theoretikern, deren Ideen das geistige Klima an US-Universitäten entscheidend beeinflussen sollten: Zu ihnen gehört unter anderem der französische Philosoph und Historiker Michel Foucault. Foucault war in seiner Jugend wie Marcuse selbst Kommunist, trat aber schon mit Mitte 20 wieder aus der Kommunistischen Partei Frankreichs aus. In einem Gespräch mit dem italienischen Journalisten Duccio Trombadori berichtete Foucault davon, wie sehr ihn die »Frankfurter

Schule« beeindruckt habe. »Wenn ich die Verdienste der Philosophen der Frankfurter Schule anerkenne, so tue ich es mit dem schlechten Gewissen von jemandem, der ihre Bücher hätte früher lesen, sie früher hätte verstehen müssen«, sagte Foucault. »Vielleicht wäre ich, wenn ich die Philosophen dieser Schule in meiner Jugend kennengelernt hätte, von ihnen so begeistert gewesen, dass ich nichts weiter hätte tun können, als sie zu kommentieren.«

Foucault interessiert sich in seinen Büchern vor allem für die Frage, wie sich Machtsysteme etablieren und erhalten. Seine Schriften sind gleichzeitig historische Abhandlung (oder »Archäologie«, wie Foucault schreibt) und philosophische Erkundung. In »Wahnsinn und Gesellschaft« etwa versucht Foucault zu begründen, wie das Konzept der Vernunft den Wahnsinn erst schafft. Der Wahnsinn wird in Foucaults Erzählung zur Nachtseite der Vernunft, zum Anderen und Verwerflichen, das die Gesellschaft zu sanktionieren versuche: Erst durch Internierungsorte wie das »Hôpital général«, das im Jahr 1656 in Paris den Betrieb aufnahm und in dem neben Bettlern und Kranken auch all diejenigen eingesperrt wurden, die sich nicht der herrschenden Ordnung beugen wollten. Später mit speziellen Spitälern für Geisteskranke, die laut Foucault dazu dienten, Abweichler in das Korsett der bürgerlichen Gesellschaft zu pressen.

In dem 1975 erschienenen Buch »Überwachen und Strafen« beschreibt Foucault die grausige Marter Robert-François Damiens', der den französischen König Ludwig XV. mit einem Messer attackiert hatte. Zur Strafe wurde Damiens im März 1757 vor eine Pariser Kirche gekarrt, wo schon eine schaulustige Menge auf ein Spektakel wartete. Ein Henker riss mit glühenden Zangen das Fleisch von Damiens' Brust, Armen und Schenkeln und goss dann geschmolzenes Blei und siedendes Öl in die Wunden. Anschließend sollte Damiens von Pferden geviertelt werden, was allerdings erst gelang, nachdem ihm der Scharfrichter das Fleisch und die Sehnen durchtrennt hatte. Unmittelbar auf die Folterszenen folgt in Foucaults Buch die Beschreibung des Alltags in einem Pariser Gefängnis um das Jahr 1838: Aufstehen 5 Uhr, Gebet, Arbeit, Mahlzeit, Unterricht. Alles im Leben der Gefangenen ist reglementiert, ihre Existenz ist genormt vom Sonnenaufgang bis zur Schließung der Zellentür am Abend.[5]

Man könnte auf den ersten Blick auf die Idee kommen, Foucault habe die beiden Szenen gegenübergestellt, um die Geschichte des Strafens als Fortschritt zu erzählen, als eine Geschichte der Humanisierung. Aber genau darum geht es ihm nicht. Vielmehr will er darlegen, dass das Strafsystem ausgeklügelter geworden ist, effizienter und allumfassender, mitnichten aber mehr Milde, Respekt oder Menschlichkeit zeigt. Während der Staat an der Seele des unglücklichen Damiens keinerlei Interesse hatte und es allein darum ging, an ihm ein Exempel zu statuieren, versucht die moderne »Disziplinargesellschaft«, wie Foucault sie nennt, sich der gesamten Persönlichkeit des Gefangenen zu bemächtigen. »Im Ancien Régime war der Grenzfall der Strafjustiz die endlose Zerstückelung des Körpers des Königsmörders«, schreibt Foucault. »Der Idealfall des heutigen Strafsystems wäre die unbegrenzte Disziplin; eine Befragung ohne Ende; eine Ermittlung, die bruchlos in eine minutiöse und immer analytischer werdende Beobachtung überginge.«[6]

Foucault beschreibt in dem Buch das Gefängnismodell des britischen Philosophen Jeremy Bentham. Das Panopticon ist ein kreisrundes Gebäude, in dessen Mitte ein Überwachungsturm steht. Die Zellen sind für den Wärter im Turm vollkommen transparent, dieser aber ist für die Gefangenen nicht zu sehen. Das führt dazu, dass die Insassen im Gefühl der ständigen Kontrolle leben - selbst wenn der Wachturm gar nicht besetzt sein sollte. »Daraus ergibt sich die Hauptwirkung des Panopticons«, so Foucault. »Die Schaffung eines bewussten und permanenten Sichtbarkeitszustandes beim Gefangenen, der das automatische Funktionieren der Macht sicherstellt.« Das Panopticon ist für Foucault nicht nur das Modell einer Strafanstalt. Es wird zur Metapher für die moderne Gesellschaft, die ihre Institutionen darauf ausgerichtet hat, den Bürger nach ihrem Willen zu modellieren: in der Schule, den Fabriken, den Kasernen und Spitälern. Sogar die Wissenschaften dienen in den Augen Foucaults dazu, die herrschenden Verhältnisse zu zementieren.[7]

Der zentrale Begriff im Werk Foucaults ist *Macht*. Sie ist gemäß seiner Theorie nicht die Macht eines einzelnen Herrschers; sie liegt nicht in den Händen eines Diktators oder bei Ludwig XV., der den unglücklichen Damiens so furchtbar leiden ließ. Sie ist eingelassen in die Gesellschaft selbst und fließt durch ihre Kapillaren. Macht und Erkenntnis sind für Foucault untrennbar miteinander verknüpft, das eine ist ohne das andere nicht denkbar. »Andere Macht, anderes Wissen«, schreibt er. Die Aufklärung, die doch den Menschen dazu ermutigen sollte, sich seines Verstandes zu bedienen und sich selbst zu befreien, ist für Foucault ein neues, dafür aber umso effektiveres Herrschaftsinstrument. Aus ihr sind wissenschaftliche Disziplinen hervorgegangen, die im Panopticon der modernen Gesellschaft dazu dienen, den Menschen zu beherrschen. Auch das Aufkommen der parlamentarischen Demokratie und des bürgerlichen Rechtsstaates ist für Foucault nicht Ausdruck eines gesellschaftlichen Fortschrittes, sondern eine neue Machtformation: »Die wirklichen und körperlichen Disziplinen bildeten die Basis und das Untergeschoß zu den formellen und rechtlichen Freiheiten.«[8]

Wenn Macht nach Foucault aber nicht mehr zurückzuführen ist auf eine Person, wenn sie weder beim König liegt noch bei einer bestimmten Klasse und auch nicht bei einem gewählten Präsidenten – wo liegt sie dann? Wie für andere postmoderne Denker ist Macht für Foucault eng mit Sprache verknüpft; Wahrheit und Erkenntnis existieren für Foucault nicht außerhalb des Diskurses, sie sind sein Produkt. Der Diskurs, so Foucault, reflektiert nicht bloß die Macht, »er ist dasjenige, worum und womit man kämpft; er ist die Macht, deren man sich zu bemächtigen sucht«. Foucaults Instrument der Machtkritik ist deshalb konsequenterweise die Diskursanalyse, also die Fahndung nach neuen Narrativen und den Herrschaftsformationen, die sie ausdrücken.

Anders als Marcuse verfolgt Foucault dabei kein politisches Ziel, was ihm die Kritik eingetragen hat, dass seine Diskursanalyse merkwürdig zweckfrei bleibt. Jürgen Habermas, ein scharfer Kritiker Foucaults, hat dies in aller Klarheit formuliert. Foucaults »Dissidenz zieht ihre einzige Rechtfertigung daraus, dass sie dem humanistischen Diskurs, ohne sich auf ihn einzulassen, Fallen stellt«, schreibt er. »Wenn es aber nur noch um die Mobilisierung von Gegenmacht, um fintenreiche Kämpfe und Konfrontation geht, stellt sich die Frage, warum wir denn dieser, im Blutkreislauf des modernen Gesellschaftskörpers zirkulierenden Macht überhaupt Widerstand leisten sollten, statt uns ihr zu fügen.«[9]

Foucault ist im Jahr 1984 gestorben, aber seine Arbeit wirkte lange über seinen Tod hinaus. Sein Denken hat den Boden bereitet für eine radikal neue Weltsicht, mit der sich alle Grundüberzeugungen der westlichen Demokratie infrage stellen lassen: Was, wenn das Prinzip »One man, one vote« nur eine Beruhigungspille für die unterdrückten Massen darstellt? Ist die Meinungsfreiheit nicht in Wahrheit ein besonders effektives Instrument, um marginalisierte Gruppen zum Schweigen zu bringen? Und beinhaltet der Grundsatz, dass jeder vor dem Gesetz gleich sei, letztlich doch nur die Garantie für die Mächtigen, den Status quo zu erhalten? Aber auf der Basis postmoderner Theorien lassen sich auch Fragen aufwerfen, die weit jenseits des Kernbereichs der Politik liegen. Wenn Wahnsinn und Vernunft nichts weiter als Verabredungen sind, ist es dann nicht konsequent, auch andere mächtige Erzählungen als Mythen zu entlarven - etwa den, dass es zwei biologische Geschlechter gibt?

In den Achtzigerjahren begannen Wissenschaftler in den USA, die Methoden der postmodernen Macht- und Diskursanalyse zu nutzen und gaben ihnen gleichzeitig eine politische Richtung. Um mit Marx zu sprechen: Es ging jetzt nicht mehr allein darum, die Welt zu interpretieren, sondern sie zu verändern. Der Impuls war verständlich: Fast überall in der westlichen Welt waren einst unterdrückte Gruppen formal gleichgestellt. Die USA hatten im Jahr 1920 mit dem 19. Zusatz zur US-Verfassung das Frauenwahlrecht eingeführt; 1963 verabschiedete der US-Kongress den Equal Pay Act, der Frauen gleiche Bezahlung für gleiche Arbeit gewähren sollte. Aber Frauen blieben dennoch häufig von Macht und Einfluss ausgeschlossen: 1984 war es das erste Mal überhaupt, dass eine Frau für den Posten des Vizepräsidenten ernsthaft in Erwägung gezogen wurde - Geraldine Ferraro, die als Running Mate des demokratischen Kandidaten Walter Mondale antrat, der dann aber Präsident Ronald Reagan unterlag.

Ähnlich enttäuschend sah die Bilanz für schwarze Amerikaner aus. Zwar war die Präsidentschaft des Demokraten Johnson in den Sechzigerjahren auf den ersten Blick ein furioser Triumph der amerikanischen Bürgerrechtsbewegung: Der Civil Rights Act von 1964 verbot die Diskriminierung von Schwarzen in Restaurants, Kinos oder öffentlichen Verkehrsmitteln. Der Voting Rights Act von 1965 untersagte Analphabetismus-Tests, mit denen Schwarze von der Wahlurne ferngehalten wurden. Und der Fair Housing Act von 1968 schließlich sollte die Praxis des sogenannten Redlining beenden, mit der Afroamerikanern der Zugang zu Immobilienkrediten verwehrt wurde.

Aber all die Gesetze änderten nichts an der Tatsache, dass schwarze Amerikaner ärmer als weiße blieben und deutlich häufiger im Gefängnis landeten. Heute ist mehr als ein Drittel aller Häftlinge in den USA schwarz, während der Anteil der Afroamerikaner an der Gesamtbevölkerung 13 Prozent beträgt. Das mittlere Vermögen eines weißen Haushalts in den USA liegt bei 188.000 Dollar und ist damit fast achtmal höher als das eines schwarzen. Die Frustration über den mangelnden Fortschritt veranlasste eine ganze Generation von Wissenschaftlern in den USA dazu, einen ganz neuen Blick auf ihr Land zu werfen und brachte neue akademische Ideen und Disziplinen hervor, die einen starken aktivistischen Zug trugen.

Im Januar 1980 erschien in der »Harvard Law Review« ein Artikel, dessen sperriger Titel bald im eklatanten Widerspruch zu seiner Wirkung stehen sollte. Der Aufsatz trug die Überschrift »Brown v. Board of Education and the Interest-Convergence Dilemma«. In ihm stellte der Bürgerrechtsanwalt Derrick Bell die These auf, dass die wohl wegweisendste Entscheidung des Supreme Courts zugunsten schwarzer Amerikaner nicht etwa von dem Wunsch getrieben gewesen sei, diesen Gleichberechtigung zu verschaffen.

Vielmehr, so argumentierte Bell, habe das Gericht im Jahr 1954 vor allem deshalb die Rassentrennung an öffentlichen Schulen aufgehoben, weil es in jener Zeit im Interesse der weißen Mehrheitsgesellschaft gelegen habe. In der aufziehenden Systemkonkurrenz mit der Sowjetunion hätten es sich die Vereinigten Staaten nicht mehr leisten können, mit offenem Rassismus die Länder der Dritten Welt zu verärgern. Außerdem sei der weißen Elite in Washington bewusst geworden, dass der Übergang des alten Südens der USA hin zu einer modernen Industriegesellschaft nur möglich sei, wenn die staatlich durchgesetzte Rassentrennung an öffentlichen Schulen abgeschafft werde.

Bell hatte schon in früheren Texten die Meinung vertreten, dass nicht Moral und Gewissen weiße Amerikaner dazu antreibe, sich gegen die Diskriminierung ihrer Mitbürger zu wenden, sondern der schiere Eigennutz. Doch in dem 16-seitigen Aufsatz klingen alle Überlegungen an, die sein Werk ausmachen sollten: die Idee, dass Rassismus nicht nur in einzelnen Menschen steckt, sondern einen essenziellen Teil der amerikanischen Gesellschaft und ihrer politischen Institutionen bilde. Die These, dass Rasse ein Konstrukt sei, um weiße Dominanz zu sichern. Schließlich der Gedanke, dass Schwarze jeden Fortschritt gegen den erbitterten Widerstand eines weißen Machtkartells durchsetzen müssten.

Bell war der erste schwarze Professor an der Harvard Law School, und er machte die elitäre Fakultät zur Keimzelle einer Theorie, die westliche Gesellschaften tiefgreifend verändern sollte.[10]

Wenn heute Angestellte von Amazon oder Unilever von ihren Chefs dazu aufgefordert werden, über ihre »weißen Privilegien« zu reflektieren; wenn an Universitäten »safe spaces« für nichtweiße Studentinnen und Studenten eingerichtet werden; wenn in den USA darüber gestritten wird, dass nicht etwa die Verkündung der Unabhängigkeitserklärung am 4. Juli 1776 die Geburtsstunde der Nation war, sondern die Ankunft der ersten afrikanischen Sklaven im August 1619 in Virginia - dann entspringt dies dem Gedankengebäude der »Critical Race Theory«, zu deren maßgeblichen Architekten Bell gehörte und die inzwischen in viele akademische Disziplinen eingedrungen ist.

Die Idee hat eine solche Wirkmacht entwickelt, dass

sie die Debatten der westlichen Welt mitprägt – und sogar dafür sorgt, dass die großen geopolitischen Konflikte in einem neuen Licht erscheinen. In den USA bröckelt auch deshalb die jahrzehntelange parteiübergreifende Unterstützung für Israel, weil es einer jungen Generation von Aktivisten gelingt, den Nahostkonflikt unter dem Hashtag #palestinianlivesmatter neu zu interpretieren – als den Versuch einer Kolonialmacht, ein Volk zu unterdrücken. »Als schwarzer Mann in den USA verstehe ich ganz genau, was es heißt, in einer Gesellschaft zu leben, die dazu geschaffen wurde, Gewalt gegen Menschen auszuüben, die so aussehen wie ich«, sagte der US-Kongressabgeordnete Jamaal Bowman im Mai 2021, als die Hamas Raketen auf Israel regnen ließ. »Meine Erfahrung mit systemischer Ungerechtigkeit prägt mein Verständnis, was gerade in Israel und Palästina vor sich geht.«[11]

Es war lange ein Tabu gewesen, die Gründung des Staates Israel in die Nähe der Sklaverei in den USA zu rücken. Aber der Reiz und die Verführungskraft der Critical Race Theory bestehen gerade in ihrer Einfachheit: Sie entwickelte sich zu einer Theorie, in der jeder Konflikt und jedes Problem auf eine Machtstruktur reduziert wird, in der Weiße systematisch Menschen anderer Hautfarbe unterdrücken.

»Critical Race Theory« ist eine zutiefst pessimistische Idee und unterscheidet sich fundamental von der Gedankenwelt Martin Luther Kings, der immer noch der Held der amerikanischen Bürgerrechtsbewegung ist und seine berühmteste Rede am 28. August 1963 in Washington hielt – gut 100 Jahre nachdem Abraham Lincoln mit der Unterschrift unter die Emanzipationserklärung das Ende der Sklaverei in den USA eingeläutet hatte.

King sparte darin nicht mit Kritik an den bestehenden Verhältnissen. Aber die Rede war zugleich durchzogen von einer unerschütterlichen Zuversicht, dass die Institutionen der amerikanischen Demokratie in der Lage sein werden, die Unterdrückung der schwarzen US-Bürger zu beenden. Derrick Bell dagegen schrieb 1987 in seinem Buch »And We Are Not Saved«, es sei ein Trugbild, an Fortschritte bei der Gleichberechtigung zu glauben, weil »Weiße, bewusst oder unbewusst, alles in ihrer Macht Stehende tun, um ihre Vorherrschaft zu wahren und die Kontrolle zu behalten«.

Zu den häufigsten Klagen über die »Critical Race Theory« gehört, dass sie kaum zu definieren und deshalb im Grunde wirkungslos sei. Nichts ist weiter von der Wahrheit entfernt. In ihrem Standardwerk »Critical Race Theory« beschreiben die beiden Juristen Richard Delgado und Jean Stefancic präzise ihre Kernthesen und die dahinterliegende Geisteshaltung. »Im Gegensatz zum traditionellen Diskurs über Bürgerrechte, der den schrittweisen Fortschritt betont, stellt die Critical Race Theory die liberale Ordnung ganz grundsätzlich infrage - inklusive des Gleichheitsgrundsatzes, des Abwägens rechtlicher Argumente, des Rationalismus der Aufklärung und des Prinzips, wonach jeder vor der Verfassung gleich ist.« Mit anderen Worten: Sie greift den postmodernen Gedanken auf, dass die Werte der Aufklärung und der Demokratie nur ein weiteres Machtnarrativ sind - ein vielleicht subtiles, dafür aber umso effektiveres Herrschaftsinstrument.[12]

Besonders kritisch sehen die Vertreter der »Critical Race

Theory« die Redefreiheit, die in den USA im ersten Zusatz-artikel der Verfassung garantiert ist. Wer verstehen will, warum an US-Universitäten heute schon kleinste sprachli-che Grenzverletzungen für Proteststürme sorgen, der muss das Buch »Words That Wound« lesen, das im Jahr 1993 erschienen ist und zu einem zentralen Text für die Etablie-rung einer neuen Ideologie der Empfindlichkeit wurde. In dem Buch, das von prominenten Vertretern der »Critical Race Theory« verfasst wurde – unter anderem Delgado und Crenshaw – wird die US-Justiz als Instrument einer nach wie vor rassistischen Gesellschaft interpretiert. In dem Vor-wort des Buches heißt es: »Critical Race Theory artikuliert die Skepsis gegenüber dominanten Rechtsprinzipien wie Neutralität, Objektivität, Blindheit gegenüber verschiede-nen Hautfarben und Meritokratie.«[13]

Es ist unbestritten, dass es in den USA eine Reihe von rassistischen Gerichtsurteilen gegeben hat. Der berüch-tigste Fall war wohl die Entscheidung Plessy v. Ferguson aus dem Jahr 1896, als der Oberste Gerichtshof die Tren-nung von Schwarzen und Weißen in den Eisenbahnwag-gons Louisianas für rechtmäßig erklärte und damit das Prinzip legitimierte, Afroamerikaner systematisch zu dis-kriminieren. Aber die Vertreter der »Critical Race Theory« ziehen daraus nicht etwa die Konsequenz, dass die US-Jus-tiz die Fehler der Vergangenheit hinter sich lassen sollte und künftig alle Bürger gleich behandeln muss – sondern sie fordern eine neue Parteilichkeit, um die alten Sünden zu heilen.

In »Words That Wound« wird ausgeführt, was das prak-tisch bedeutet: eine Neudefinition der Meinungsfreiheit, und zwar unter Zuhilfenahme der »Opferperspektive«. Die Jura-Professorin Mari J. Matsuda stellt dafür einen Kriterienkatalog auf, der festlegt, was künftig unter »hate speech« zu fallen habe und geahndet werden müsse. Der eigentliche Clou ihrer Argumentation ist aber, dass nicht alle Menschen vor »hate speech« geschützt werden sollen, sondern nur »historically oppressed groups« – im Falle der USA also insbesondere Afroamerikaner.[14]

Matsuda macht in ihrem Aufsatz gar kein Geheimnis daraus, dass sie sich auf juristisch sumpfiges Gelände wagt. Sie selbst spricht die Gefahr an, dass ihr Vorschlag eine Hexenjagd wie in den Fünfzigerjahren des vergangenen Jahrhunderts auslösen könnte. Damals verloren Hunderte Künstler, Schauspieler und Beamte ihren Job, weil ihnen eine heimliche Sympathie für kommunistische Gedanken nachgesagt wurde. »Wie kann man für die Zensur von rassistischen Hasskommentaren argumentieren, ohne eine neue Ära McCarthy heraufzubeschwören?«, fragt sie.

Matsudas Antwort lautet, dass marxistische Ideen auch heute noch nicht generell abgelehnt würden, die Vorstellung einer unterlegenen Ethnie aber sehr wohl. Damit löst sie aber nicht das Problem, dass Zensur zur Definitionsfrage wird. Um nur ein Beispiel zu nennen: Fällt es schon unter »hate speech«, wenn jemand auf die Tatsache hinweist, dass in den USA schwarze Väter überdurchschnittlich häufig ihre Familien verlassen – was Barack Obama in seiner Rede zum Vatertag 2008 getan hat und ihm bald den Vorwurf eintrug, er bediene rassistische Klischees?

Noch viel problematischer aber ist, dass Matsuda ein Zweiklassen-Recht etablieren will. Folgt man ihrer Argumentation, können sich allein privilegierte Menschen – also weiße Amerikaner – der Hassrede schuldig machen. Sie erkennt zwar an, dass sich auch Afroamerikaner rassistisch und hasserfüllt äußern können und nennt als Beispiel den Aktivisten Malcolm X, der von »weißen Teufeln« gesprochen hatte. Aber eine solche Äußerung müsse nicht bestraft werden, weil sie gegen eine Gruppe von Menschen gerichtet sei, die über genügend Macht verfüge, um jederzeit einen »sicheren Hafen« zu finden, wie sie das nennt. Außerdem wertet Matsuda rassistische Äußerungen von Schwarzen als legitime Form der Selbstermächtigung: »Ich würde ein wütendes und hasserfülltes Gedicht einer Person, die einer ehemals unterjochten Gruppe angehört, als den Ausdruck der Selbstfindung eines Opfers sehen, das auf Rassismus antwortet.«

Die Idee, dass Meinungsfreiheit nur dazu diene, Machtverhältnisse zu zementieren, genießt in linken akademischen Kreisen immer noch eine große Popularität. Im Jahr 2018 erschien in der Columbia Law Review, einem der renommiertesten juristischen Fachblätter der westlichen Welt, ein Aufsatz mit dem Titel: »Kann freie Rede fortschrittlich sein?« Der Autor heißt Louis Michael Seidman, Professor an der Washingtoner Georgetown University. Seine Antwort lautete schlicht und einfach: Nein.

Seidman argumentierte in dem Text ganz ähnlich wie Marcuse. Unter bestimmten Umständen könne die Meinungsfreiheit zwar dem Fortschritt dienen, den Seidman als Korrektur ungleicher Vermögensverhältnisse definiert und als »Abschaffung von Machtstrukturen, die auf Eigenschaften wie Ethnie, Nationalität, Geschlecht, Klasse und sexueller Orientierung basieren«. Aber solange in den USA der Kapitalismus herrsche, bleibe dies eine Illusion. »Weil die Möglichkeit, sich Gehör zu verschaffen, die gegenwärtige Wohlstandsverteilung widerspiegelt, bevorzugt die Meinungsfreiheit all jene, die an der Spitze der Machthierarchie stehen«, schreibt Seidman.

Nun ist es zweifellos richtig, dass es einem Medienmogul wie Rupert Murdoch deutlich leichter fällt, seine Meinung einem breiten Publikum zu präsentieren als einer Verkäuferin bei Walmart. Andererseits hat das Internet zu einer Demokratisierung des Medienzugangs geführt, was allerdings mitnichten den Diskurs in eine progressivere Richtung gelenkt habe, wie Seidman beklagt: »Jeder kann Twitter benutzen, aber das bedeutet nur, dass Twitter einen undifferenzierten und nutzlosen Sumpf aus Information und Meinung produziert.« Seidman steht vor einem Dilemma, das alle linken Kritiker der Meinungsfreiheit nicht auflösen können: Sie beklagen, dass der moderne Diskurs von mächtigen Medienkonzernen bestimmt wird. Aber wenn das gemeine Volk zum Handy greift und seine Meinung gänzlich roh und unverstellt kundtut, ist das Ergebnis auch wieder nicht recht.

Es sei ärgerlich, dass viele Menschen, die sich dem Fortschritt verpflichtet fühlen, immer noch von der »hellen Fackel« der Meinungsfreiheit fasziniert seien, klagt Seidman. »Progressive sollten sich von ihr abwenden, bevor sie sich wieder an ihr verbrennen.« Allerdings schreckt Seidman vor dem entscheidenden Schritt zurück und rät von dem Versuch ab, das Recht auf Meinungsfreiheit in der US-Verfassung einzuschränken oder gar zu streichen - allerdings nur aus pragmatischen, nicht aus grundsätzlichen Erwägungen. Das Konzept der Meinungsfreiheit sei zu tief in der amerikanischen Rechtstradition verankert, schreibt Seidman in der Zusammenfassung seines Essays: »Anstatt Energie mit dem nutzlosen Versuch zu verschwenden, die Tradition der verfassungsrechtlich garantierten Meinungsfreiheit zu beenden, sollten Linke besser daran arbeiten, ihre Ziele direkt zu erreichen.«[15]

Was das heißt, lässt sich seit einigen Jahren besonders gut an amerikanischen Universitäten beobachten. Für sie forderte Matsuda in dem Buch »Words That Wound« ein besonders strenges Sprachreglement. In Matsudas Text klingt alles an, was später das Leben an amerikanischen Universitäten radikal verändern sollte: die Idee, dass marginalisierte Gruppen besonders geschützt werden sollten und dass es die Aufgabe der Hochschulen sei, Studenten vor emotional aufwühlenden Situationen zu bewahren. Der Gedanke, dass ein offener Diskurs und ein robuster Austausch von Meinungen Studenten nicht etwa auf das Leben vorbereite, sondern sie im Gegenteil traumatisiere. Und die Auffassung, dass es das Recht der Studenten ist, diesen besonderen Schutz auch einzufordern. Die Wörter hatten damals noch keine Konjunktur - aber was Matsuda mit etablierte, war ein Trend, der zur Folge hatte, dass sich amerikanische Universitäten mehr und mehr zu »safe spaces« wandelten, in denen ein offener Diskurs zur Gefahr erklärt wurde - und in denen die Forderung aufkam, Klassiker der Literatur nur nach der Ausgabe von »trigger warnings« zu lesen, um sensible Gemüter zu schonen.

In den vergangenen Jahren wurde die Definition dessen, was als »hate speech« oder als »verletzend« gilt, immer weiter ausgedehnt. Inzwischen haben unzählige Amerikaner nach echten oder auch nur gefühlten sprachlichen Transgressionen ihre Jobs verloren. Die Grenzen dessen, was noch erlaubt ist, sind derart schnell im Fluss, dass selbst Gutwillige kaum noch mitkommen. Im Dezember 2020 traf es Jason Kilborn, Juraprofessor an der Universität von Illinois in Chicago. Kilborn gab seinen Studenten eine Aufgabe, in der es um Diskriminierung am Arbeitsplatz ging. In der Fallbeschreibung wurde eine Frau von Arbeitskollegen verbal beleidigt. Kilborn schrieb die Schimpfworte, die dabei fielen, nicht aus, sondern kürzte sie als »n-----« und »b----« ab. Dazu setzte er den Hinweis, dass es sich um »profane Bezeichnungen für Afro-Amerikaner und Frauen« handele.

Wenn es darum geht, rassistische und sexistische Schmähworte in Texten zu zitieren, war dies ein Umgang, auf den sich bis dahin die allermeisten einigen konnten. Doch als die Vereinigung der schwarzen Jurastudenten an der Universität einen vierseitigen Brief auf Twitter veröffentlichte und beklagte, allein der Anblick des abgekürzten N-Wortes käme »mentalem Terrorismus« gleich, dauerte es nicht mehr lange, bis die Universitätsleitung Kilborn vorläufig suspendierte.[16]

Solche Auswüchse machen es den Republikanern in den USA leicht, einen Kreuzzug gegen die Critical Race Theory zu führen und sie als Anschlag auf das Herz der Nation zu beschimpfen. Donald Trump hatte in seiner Amtszeit ein Dekret erlassen, wonach in Bundesbehörden keine Diversity-Trainings mehr abgehalten werden durften, die davon ausgingen, dass »die USA eine rettungslos rassistische und sexistische Nation« seien. Sein Nachfolger Joe Biden hat das Dekret an seinem ersten Amtstag kassiert, aber inzwischen haben über ein Dutzend republikanisch dominierte Bundesstaaten Gesetze auf den Weg gebracht, die beispielsweise verbieten, »spalterische Lehren« zu verbreiten. Sie sind Teil einer Kampagne der amerikanischen Konservativen gegen eine linke »Cancel Culture« - zu der für Trump-Fans freilich schon die Tatsache zählt, dass ihr Idol auf demokratischem Wege abgewählt wurde.

Der Widerstand der Republikaner ist auch deshalb so zäh, weil die »Critical Race Theory« längst mehr als eine abstrakte Idee ist. Sie wird an mehr als 200 amerikanischen Hochschulen gelehrt, und ihre Anhänger machen gar kein Geheimnis daraus, dass sie sich als Aktivisten und Wissenschaftler gleichermaßen begreifen. Die »Critical Race Theory« versuche, die Gesellschaft »nicht nur zu verstehen, sondern sie zu verändern«, schreibt Richard Delgado, eine ihrer führenden akademischen Stimmen.[17]

Eine starke Strömung innerhalb der Critical Race Theory sind die sogenannten Critical White Studies, die sich mit der Frage beschäftigen, wie Ethnizitäten (also schwarz, weiß, asiatisch) konstruiert werden. Critical White Studies analysieren, warum der Begriff »weiß« häufig so positiv besetzt ist, während »schwarz« mit Kriminalität und fehlender Moral verbunden wird. Ein zentraler Forschungszweig ist die Frage, warum und in welchem Umfang weiße Menschen Privilegien genießen und wie man sich dieser bewusst werden kann.

Im Jahr 1988 veröffentlichte die amerikanische Feministin und Wissenschaftlerin Peggy McIntosh einen Aufsatz, der eine enorme Wirkung entfalten sollte. In ihm übertrug sie ihre Forschung über das Machtungleichgewicht zwischen Männern und Frauen auf das Verhältnis von Weißen und Schwarzen und kam zu dem Ergebnis, dass Menschen mit heller Hautfarbe einen »Rucksack« von Privilegien auf ihrem Rücken tragen. Der Text sollte vieles vorwegnehmen, was inzwischen zum Standard in Kursen und Trainings geworden ist, in denen sich Weiße ihrer unterbewussten Vorurteile und Ressentiments bewusst werden sollen: Der Ton der Selbstanklage (»Meine Ausbildung hat mich nicht gelehrt, mich als Unterdrücker zu sehen, als eine Person, die ungerechtfertigte Vorteile genießt oder als Teil einer beschädigten Kultur«) - vor allem aber die Aufforderung, jeden Aspekt des Alltags auf einen möglichen rassistischen Unterton abzuklopfen.

Dazu stellt McIntosh einen Katalog mit 46 Situationen auf, in denen sie von ihren »weißen Privilegien« profitiert. Es ist eine durchaus instruktive Form der Analyse, etwa wenn sie in Punkt 42 schreibt: »Wenn ich meine Aktivitäten organisiere, muss ich niemals das Gefühl haben, wegen meiner Hautfarbe zurückgewiesen zu werden.« Das ist eine Erfahrung, die schwarze Amerikaner ganz sicher nicht teilen, schon gar nicht in den USA der späten Achtzigerjahre. Doch insgesamt läuft McIntoshs Katalog auf die Schlussfolgerung hinaus, dass der Erfolg von Weißen ganz wesentlich auf die Privilegien zurückzuführen sei, die sie aufgrund ihrer Hautfarbe genießen - und umgekehrt Defizite in der schwarzen Community das Ergebnis von Rassismus sind. Es ist ein Determinismus, der im heutigen antirassistischen Diskurs der USA eine zentrale Rolle spielt.[18]

Critical White Studies haben zweifellos das Verdienst, einen neuen Blick auf das Verhältnis von Menschen verschiedener Hautfarbe eröffnet zu haben. Aber sie trugen auch dazu bei, den Begriff des Weißseins als eine Art Ursünde zu definieren, aus der es kein Entrinnen gibt. Im Mai 2021 veröffentlichte das renommierte »Journal of the American Psychoanalytic Association« einen Aufsatz mit dem Titel »On Having Whiteness«. In der Zusammenfassung seines Essays schreibt der Psychologe Donald Moss: »Weißsein ist ein Zustand, den man zunächst erlangt und dann *besitzt* - ein bösartiger, parasitenartiger Zustand, für den weiße Menschen eine besondere Empfänglichkeit haben.« Dieser Zustand könne nur durch robuste psychische und »sozialhistorische Interventionen« durchbrochen werden, schreibt Moss, fügt aber resigniert an: »Bisher gibt es kein Heilmittel, das dauerhaft wirkt.«[19]

Der Artikel ist ein besonders extremes Beispiel für die Blüten der Critical White Studies. Er wurde von ernstzunehmenden Psychologen mit einer Mischung aus Belustigung und Fassungslosigkeit aufgenommen. Aber der Text ist bis heute über die Internetseite des Fachmagazins abrufbar, und im Grunde transportiert er nur die Vulgärversion eines Gedankens, der in den vergangenen Jahren in den USA eine unheimliche Verbreitung gefunden hat: dass jeder Weiße dazu verdammt ist, zu einem Rassisten heranzuwachsen.

Die Bestseller-Autorin Robin DiAngelo hat dieser Idee in ihrem aktuellen Buch »Nice Racism« ein ganzes Kapitel gewidmet, es trägt den Titel: »Warum es in Ordnung ist, generelle Aussagen über weiße Menschen zu machen.« In ihm argumentiert DiAngelo vehement gegen die »Ideologie des Individualismus«. Um echten Fortschritt zu erlangen, müsse die Betrachtung einzelner Menschen in ihrer Verschiedenheit konsequent aufgegeben werden.[20] Aber wenn es in Ordnung ist, Weiße pauschal als Rassisten zu bezeichnen – warum sollte es dann ein Tabu sein, Stereotype über Schwarze, Latinos oder Frauen zu verbreiten? Es ist ein Widerspruch, den DiAngelo nicht auflöst und der seine Wurzeln im postmodernen Denken hat, das keine Individuen kennt, sondern nur Produkte von Herrschaftsverhältnissen. Menschen sind Puppen, die an den Fäden der Macht tanzen – oder wie es der Foucault-Kritiker Jürgen Habermas formuliert: »Aus dieser Perspektive können vergesellschaftete Individuen nur als Exemplare wahrgenommen werden, als die standardisierten Erzeugnisse einer Diskursformation – als gestanzte Einzelfälle.«[21]

Für DiAngelo ist die entscheidende »Diskursformation« die Geschichte der Sklaverei in den USA, die sie als das Kernstück der nationalen Identität betrachtet – und nicht die Unabhängigkeitserklärung von 1776. DiAngelo verweist in ihrem Buch auf das »1619 Project« der »New York Times« als zentralen Text zum Verständnis ihres Landes.[22] Die Artikelserie, die elf Jahre nach der Wahl des ersten schwarzen US-Präsidenten erschienen ist, beschreibt die Sklaverei nicht als Ursünde der Vereinigten Staaten, sondern als Fundament und Raison d'être. »Aus der Sklaverei – und dem dafür notwendigen Rassismus – entstand fast alles, was Amerika wahrlich einzigartig gemacht hat«, schreibt der Chefredakteur des »New York Times«-Magazins, Jake Silverstein, in seinem Auftakttext.

Seine Kollegin Nikole Hannah-Jones behauptet, nicht die Sehnsucht nach Demokratie und Selbstbestimmung hätte die Kolonialisten dazu gebracht, sich von der britischen Krone loszusagen, sondern primär der Wunsch, unbehelligt die Sklaverei fortführen zu können. Es waren ganz offenkundig Aussagen, die nicht von der Realität gedeckt waren, und es dauerte nicht lange, bis sich Widerspruch regte. Das Ziel, Amerikaner über die Zeit der Sklaverei und deren Folgen aufzuklären, »kann nicht mit Falschbehauptungen, Verzerrungen und signifikanten Auslassungen vorangebracht werden«, schrieb der Princeton-Historiker Sean Wilentz im Magazin »Atlantic«.[23]

Die »New York Times« ließ daraufhin in ihrer Onlineausgabe die Aussage verschwinden, das Jahr 1619 sei das »wahre Geburtsdatum« der amerikanischen Nation. Und schob die Korrektur nach, dass nur »manche« Kolonialisten den Unabhängigkeitskrieg für die Sklaverei geführt hätten. Doch kurioserweise tat der so offenkundige Versuch, Geschichtsschreibung in den Dienst einer Ideologie zu stellen, dem Renommee der Artikelserie kaum Abbruch. Der Pulitzerpreis, mit dem sie ausgezeichnet worden war, wurde nicht zurückgezogen, und sie ist immer noch Lehrmaterial an amerikanischen Schulen. Eine tiefe Skepsis gegenüber dem liberalen Individualismus liegt auch der Theorie der »Intersektionalität« zugrunde, die die Juristin Kimberlé Crenshaw Ende der Achtzigerjahre in Grundzügen entwickelt hat und später in dem Aufsatz: »Mapping The Margins: Intersectionality, Identity Politics and Violence against Women of Color« weiter ausführte.[24]

Wie mächtig die Idee geworden ist, mag man an der Tatsache ablesen, dass die SPD mitten im Bundestagswahlkampf einen Tweet absetzte, in dem sich Kanzlerkandidat Olaf Scholz dazu bekennt, ein »intersektionaler Feminist« zu sein - ein Begriff, der bis vor Kurzem nicht zwingend zum Repertoire einer Partei gehörte, die Wert darauf legt, auch von der Kassiererin im Supermarkt verstanden zu werden.[25]

Intersektionalität, so wie Crenshaw sie versteht, bedeutet erst einmal, dass Diskriminierung verschiedene Ebenen haben kann. Eine Frau mag im Beruf schlechter bezahlt werden als ein Mann - aber was, wenn diese Frau dazu noch schwarz ist? Oder lesbisch? Oder behindert? Crenshaws einfacher und zutreffender Gedanke ist, dass sich verschiedene Kriterien der Diskriminierung kreuzen und verstärken können. Intersektionalität ist im Kern nichts anderes als eine Brille, durch die man den Platz von Menschen in der Hierarchie der gesellschaftlichen Diskriminierung erkennen kann: ein weißer, heterosexueller Mann ist privilegierter als ein weißer schwuler Mann; ein schwuler weißer Mann privilegierter als ein schwuler schwarzer Mann. Die Liste lässt sich endlos fortsetzen und verfeinern.

Der Verzicht auf Identitätspolitik wäre in Crenshaws Augen die fahrlässige Aufgabe eines politischen Machtmittels; sie sei eine »Quelle von sozialer Ermächtigung«, wie sie schreibt. In ihrem Aufsatz unterscheidet sie zwischen Menschen, die sich über ihre Hautfarbe definieren (»I am black«) und jenen, die davon abstrahieren (»I am a person that happens to be black«). Für Crenshaw haben beide Positionen ihre Berechtigung, aber sie argumentiert, dass nur mit ersterer politische Veränderungen erreicht werden können: »An diesem Punkt der Geschichte ist es ein starkes Argument, dass die wichtigste politische Strategie des Widerstands für entrechtete Gruppen lautet, die eigene soziale Position zu besetzen und zu verteidigen statt sie zu räumen und zu zerstören.« Das Bahnbrechende und Revolutionäre an Crenshaws Idee ist, dass sie das Fundament für eine ganz neue Form des politischen Aktivismus legt: Während das Anliegen der traditionellen Bürgerrechtsbewegung Gleichstellung war – der Wunsch also, allen Menschen die gleichen Rechte zu verschaffen –, stellt die Theorie der Intersektionalität Diskriminierung auf den Kopf. Sie wird zur Quelle von Sonder- und Spezialansprüchen, mit denen die Unterdrückten gegen ihre Unterdrücker vorgehen können.[26]

Gerade unter Feministinnen gilt Crenshaw als eine der einflussreichsten Theoretikerinnen der vergangenen Jahrzehnte. Aber ihre Theorie hat auch die Saat gelegt für einen Streit, der heute das ganze progressive Lager zu zerreißen droht. Denn wenn es eine Hierarchie der Diskriminierung gibt, dann treten die Opfer in Konkurrenz zueinander. Hat eine weiße, akademisch gebildete Frau noch das Recht, sich über eine ungerechte Bezahlung zu beklagen, wenn eine muslimische Migrantin mit Kopftuch schon auf dem Weg zur Arbeit rassistisch beschimpft wird? Darf sich eine heterosexuelle Frau über sexistische Sprüche auf der Straße beklagen, wenn Transfrauen angeblich ganz grundsätzlich das Recht abgesprochen wird, ein Leben gemäß ihrer Geschlechtsidentität zu führen?

Im April 2020 präsentierte die linke Tageszeitung »taz« eine neue, dreiköpfige Chefredaktion, die allein aus Frauen bestand. Als kurz danach die Autorin Hengameh Yaghoobifarah in einer Kolumne Polizisten als »Müllmenschen« auf die Deponie wünschte, entfaltete sich eine Debatte, die alle Fallstricke der intersektionalen Debatte illustrierte.[27] Die Infamie der Kolumne wurde von Teilen der Redaktion mit den Diskriminierungserfahrungen einer migrantischen Autorin entschuldigt; zugleich wurde das Recht weißer »taz«-Autoren in Zweifel gezogen, sich kritisch zur Kolumne zu äußern. Sie hätte sich gewünscht, dass alle »White Privilege People« zu dem Text geschwiegen hätten, schrieb »taz«-Geschäftsführerin Aline Lüllmann auf Twitter und meinte damit offenkundig auch die Chefredaktion, die vorsichtig auf Distanz zu der Kolumne gegangen war – und die bei ihrer Vorstellung noch als Speerspitze des Fortschritts galt. Nun stand sie plötzlich als hoffnungslos rückständig da, weil weiße, akademisch gebildete Frauen in der Opferhierarchie nur ganz knapp über dem alten weißen Mann rangieren.[28]

Die Theorie der Intersektionalität hat die Munition geliefert für einen Kampf, der heute die Frauenbewegung zutiefst spaltet. Frauenrechtlerinnen wie Betty Friedan in den USA oder Alice Schwarzer in Deutschland gelten intersektionalen Feministinnen inzwischen nicht mehr als Vorkämpferinnen gegen das Patriarchat, sondern als ignorante Interessenvertreterinnen einer privilegierten Schicht weißer Frauen. In ihrem Buch »The Trouble with White Women« rechnet Kyla Schuller, Professorin für Gender Studies an der Rutgers University in New Jersey, gnadenlos mit den führenden weißen Feministinnen des 20. Jahrhunderts ab: »Ständig erweitert weißer Feminismus die Rechte und Möglichkeiten von weißen Frauen, indem er jene Menschen enteignet, die ohnehin schon am meisten unterdrückt sind. Er versucht, Frauen die Führung von Systemen zu übertragen, die den Planeten an den Rand eines ökologischen Kollapses geführt haben ... Weißer Feminismus hat dazu beigetragen, schwarzen Männern das Wahlrecht zu verweigern. Weißer Feminismus ist Diebstahl, der sich als Befreiung tarnt.«[29]

Crenshaw hat selbst gesehen, dass ihre Theorie die Gefahr in sich trägt, einen Bürgerkrieg im progressiven Lager auszulösen. Sie hat deshalb schon früh dazu aufgerufen, dass Opfer von Diskriminierung ihre Wunden nicht gegeneinander ausspielen, sondern Koalitionen eingehen. Das Buch von Schuller ist ein gutes Beispiel dafür, dass dies ein frommer Wunsch geblieben ist. Die Theorie der Intersektionalität wurde zum Fundament einer weltlichen Sekte; ursprünglich als Instrument zur Analyse der Gegenwart erdacht, geriet es zum Treiber einer Ideologie, die es erlaubt, jeden auszusortieren, der eine abweichende Meinung vertritt: der schwarze Kapitalist fällt ebenso durchs Raster wie die weiße Frauenrechtlerin, die das Kopftuch für ein Zeichen der Unterdrückung hält. Die hispanische Katholikin, für die Abtreibung eine Sünde bedeutet, ist ebenso suspekt wie der Professor, der findet, asiatische Studenten sollten nicht zugunsten von schwarzen Studenten diskriminiert werden. Am Ende besteht das eigene Lager aus lauter Häretikern, die nicht auf dem Scheiterhaufen landen, wohl aber am Pranger der sozialen Medien.

4 DORIAN ABBOT ODER: DER TERROR
DER MINDERHEIT

Dorian Abbot hatte mit allem gerechnet, nur damit nicht. Es hatte Proteste gegeben, das war dem Professor für Geophysik nicht entgangen. Auf Twitter hatten Kollegen und Studenten geschrieben, sie seien »enttäuscht« und »schockiert«, dass einem wie Abbot eine solche Ehre zuteil wird. Die »John Carlson«-Vorlesung ist eine der großen Auszeichnungen auf dem Feld der Naturwissenschaft in den USA. Sie wird jedes Jahr auf Einladung des Massachusetts Institute of Technology (MIT) vergeben und ermöglicht es herausragenden Forschern, einem breiten Publikum ihre Erkenntnisse zu präsentieren. Aber Abbot gab nicht viel auf den Lärm im Netz.

»Ich dachte mir: Leute erzählen Blödsinn auf Twitter. Wen juckt das schon?«, sagte er mir bei einem Gespräch via Zoom. Warum sollte das MIT, die wohl berühmteste Technische Universität der Welt, sich von ein paar missgünstigen Tweets einschüchtern lassen? Weshalb sollte sie auf die

Idee kommen, ihn wegen politischer Kommentare auszuladen? Abbot ist ein anerkannter Experte auf seinem Gebiet; er hat einen Abschluss in Physik gemacht und anschließend in Harvard auf dem Feld der angewandten Mathematik promoviert. Als Professor an der University of Chicago beschäftigt er sich vor allem mit dem Klimawandel und dem Entstehen von Wolken und Wirbelstürmen.

Abbot ist der jüngste Wissenschaftler, dem jemals die »Carlson Lecture« angeboten wurde; er hätte sie schon im Jahr 2020 halten sollen, dann kam Corona dazwischen. Im Sommer 2021 wurde Abbot erneut eingeladen. Deshalb machte er sich auch keine weiteren Gedanken, als sich Ende September Robert van der Hilst bei ihm meldete, der Direktor des Instituts für Erd- und Planetenwissenschaften am MIT. Abbot dachte, der Kollege wolle ihm Mut zusprechen und ihm versichern, dass er sich keine Sorgen machen müsse. »Stattdessen sagte er mit, er werde die Carlson Lecture absagen«, erinnert sich Abbot. »Ich war wie vom Donner gerührt. Niemals hätte ich mir träumen lassen, dass das MIT so etwas tun würde.« Im Gespräch mit Abbot murmelte van der Hilst etwas von Kontroversen, die es zu vermeiden gelte. Öffentlich begründete er die Absage so: »Neben der Meinungsfreiheit haben wir auch die Freiheit, uns einen Redner auszusuchen, der zu uns passt. Wörter bedeuten etwas, und sie haben Konsequenzen.«[1]

Was also war passiert? Warum »passte« Abott plötzlich nicht mehr zum MIT? Welche Wörter verlangten nach so drastischen Konsequenzen? Abbot wurde kein Fehler in seinen wissenschaftlichen Arbeiten nachgewiesen. Er ist auch kein Leugner des Klimawandels, im Gegenteil: Im

März 2021 hatte Abbot einen Artikel veröffentlicht, in dem er argumentiert, dass sich gerade Konservative für den Klimaschutz engagieren sollten: »Eine Erderwärmung um 15 Grad Fahrenheit würde gewaltige Veränderungen für die Landwirtschaft und die Wasserversorgung bedeuten und Überschwemmungen der Küstengebiete verursachen«, schrieb Abbot. »Es gibt gute konservative Gründe zu verhindern, dass es so weit kommt.«[2]

Abbot wurde zum Verhängnis, dass er sich dafür ausgesprochen hatte, alle Studenten gleich zu behandeln. Im November 2020 hatte er auf YouTube Videos gepostet, in denen er sich unter anderem darüber beklagte, dass asiatische Studenten an seiner Universität systematisch benachteiligt würden. Er berichtete von der Arbeit in einer Auswahlkommission, in der Bewerber durchs Raster fielen, weil sie männlich waren. Und er rief dazu auf, Bewerber allein danach zu beurteilen, »wie vielversprechend sie als Wissenschaftler sind.«

Nach der Veröffentlichung machte an Abbots Fakultät eine Unterschriftenliste die Runde, in der es hieß: »Der Inhalt der Videos von Professor Abbot bedroht die Sicherheit und die Zugehörigkeit von allen Studenten, die an der Fakultät einer Minderheit angehören ...« Es folgte ein elf Punkte umfassender Forderungskatalog, in dem stand, Studenten müssten vor Abbot »geschützt« werden und das Recht erhalten, sich aus seinen Kursen zurückzuziehen. Außerdem wurde die Fakultät aufgefordert, sich von Abbots Äußerungen zu distanzieren und ein System einzurichten, mit dem »bigottes Verhalten« künftig geahndet wird. Das zweiseitige Schreiben endete mit der ultimativen Forderung nach einer detaillierten Antwort bis »Freitag, 11. Dezember 2020, 17 Uhr«.

Der Brief war eine offene Misstrauenserklärung gegen Abbot, unterzeichnet von mehr als 150 Studenten und zum Teil auch externen Kollegen – doch er lief zunächst ins Leere. Die University of Chicago hat eine lange Tradition der freien Rede und Aussprache. Ohne Abbot beim Namen zu nennen, erklärte Robert Zimmer, der damalige Präsident der Universität: »Wir glauben, dass Hochschulen ein wichtiger Ort sind, wo neue und auch kontroverse Ideen vorgebracht, überprüft und auch debattiert werden können.« Damit war der Spuk beendet – zumindest vorerst.[3]

Im August 2021 schrieb Abbot zusammen mit dem Stanford-Professor Ivan Marinovic einen Kommentar für das Magazin »Newsweek«, in dem er die so genannten »DEI«-Programme an amerikanischen Universitäten kritisierte. »DEI« steht für »Diversity, Equity, and Inclusion«. Abbot und Marinovic nahmen vor allem Anstoß an dem Begriff »Equity«, den man am ehesten mit »Gleichstellung« übersetzen kann. Equity bedeute mitnichten eine faire und gleiche Behandlung, so die beiden Autoren: »DEI versucht, die Repräsentation von einigen Gruppen zu erhöhen, indem sie gegen andere diskriminiert« – weswegen die Programme unethisch seien und gegen den Gleichheitsgrundsatz verstießen. »Das intellektuelle Klima einer Universität hängt maßgeblich davon ab, dass sie sich dazu bekennt, die talentiertesten und gebildetsten Köpfe zu engagieren. Jedes Abweichen von diesem Prinzip geht auf Kosten der akademischen Exzellenz.«[4]

Der Kommentar ließ die Kontroverse um Abbot wieder

aufflammen. Eine Kollegin des Geophysikers, die an der University of Texas lehrt, schrieb auf Twitter, man möge sich doch bitte überlegen, ob man einem Wissenschaftler prestigeträchtige Reden anbieten solle, der »problematische« Ansichten vertrete. Sie schlug in ihrem Tweet eine Reihe von Kollegen vor, die politisch weniger bedenklich seien als Abbot. Als schließlich Mitte September der neue Termin für die »Carlson Lecture« verkündet wurde, entfaltete sich auf Twitter ein Proteststurm, der zu Abbots Ausladung führte.

Der Streit um die spezielle Förderung von Minderheiten an amerikanischen Universitäten ist nicht neu. Die Anhänger der so genannten »Affirmative Action« argumentieren, dass es angesichts des Erbes der Sklaverei und des immer noch grassierenden Rassismus in den USA notwendig sei, Minderheiten einen Startvorteil zu verschaffen - etwa bei der Bewerbung für besonders begehrte Hochschulen. Das allerdings ist eine Position, die von den meisten Amerikanern abgelehnt wird. 73 Prozent sagen laut einer Umfrage des Pew-Instituts, dass die ethnische Zugehörigkeit keine Rolle bei der Aufnahme an Hochschulen spielen sollte.[5] Im November 2020 stimmte in Kalifornien - einem der liberalsten Bundesstaaten der USA - eine Mehrheit der Bürger bei einer Volksabstimmung dafür, dass es verboten bleiben soll, bestimmte ethnische Gruppen im Bildungssystem zu bevorzugen.

Abbots Position zu »Affirmative Action« ist also keineswegs die Meinung einer radikalen Minderheit. Überdies haben seine politischen Ansichten nichts mit seiner Arbeit als Wissenschaftler zu tun. Bei der »Carlson Lecture« hätte er zu der Frage gesprochen, auf welchen fernen Planeten Leben möglich sein könnte. Das macht seinen Fall so gefährlich: Abbot wurde in seiner Eigenschaft als Wissenschaftler bestraft, weil er eine Position vertritt, die mehr als Zweidrittel der Amerikaner teilt. Wenn man sich fragt, warum so viele US-Bürger das Gefühl beschleicht, nicht mehr offen ihre Meinung sagen zu können, dann liefert der Fall Abbot eine anschauliche Erklärung.

Dorian Abbot ist ein Mann mit gemäßigt konservativen Ansichten; ein Amerikaner, der mit seiner Meinung im Mainstream der Gesellschaft steht. Er sei der Auffassung, dass »Affirmative Action« in den Sechziger- und Siebzigerjahren durchaus seine Berechtigung hatte, sagte er. Aber heute profitierten Menschen von »Affirmative Action«, die niemals in ihren Rechten beschnitten worden seien. Gleichzeitig liefere sie den Vorwand für neue Diskriminierung.

Abbot erzählte mir, er habe von Kollegen Sätze gehört wie: »Wir brauchen mehr Diversität, nicht mehr Asiaten.« Als an seiner Fakultät eine Stelle frei geworden sei, habe es in der Ausschreibung geheißen, Kriterien wie Hautfarbe oder Geschlecht spielten keine Rolle. »Dann sagte uns der Dekan: ›Sucht jemanden aus! Jeder kann sich bewerben. Aber wenn ihr mir einen Bewerber präsentiert, werde ich nur Frauen akzeptieren oder Minderheiten.‹« Das sei nicht nur ungerecht, so Abbot. Das Problem sei auch, dass jeder Auswahlprozess, bei dem nicht allein die Qualifikation zähle, automatisch politisiert werde. »Es geht dann nicht mehr darum, wer es am besten kann, sondern: Soll es eine Frau machen? Oder eher ein Latino?«

Natürlich dürfe man die Dinge anders sehen als er, sagte

Abbot. Er habe kein Monopol auf die Wahrheit. Aber er begreife nicht, wie es so weit kommen konnte, dass Wissenschaftler für ihre politischen Ansichten gemaßregelt würden. »Wir haben hier an der University of Chicago Professoren, die bekennende Kommunisten sind«, sagte Abbot. »Ich kenne hier einen Mann, der Karl Marx als Hintergrundbild seiner Website gewählt hat ... Aber ich würde niemals sagen, dass seine wissenschaftliche Arbeit gecancelt werden muss, weil ich finde, dass er unmoralische politische Ansichten hat.«

Man kann argumentieren, dass Abbot am Ende kaum ein Schaden entstanden ist. Noch am Tag, als die »Carlson Lecture« abgesagt wurde, erreichte Abbot die Einladung eines konservativen Professors, der ihm anbot, seine Rede an der Princeton University zu halten. Abbot muss nicht um seinen Job fürchten, und er hat die Kontroverse um seine Person genutzt, um sich medial ins rechte Licht zu rücken: Er gab Interviews auf CNN und Fox News, schrieb in eigener Sache auf dem populären Substack-Kanal der Journalistin Bari Weiss, verfasste einen Kommentar für das »Wall Street Journal« und ließ sich von einem Reporter der »New York Times« porträtieren. Das MIT bot an, dass Abbot dort ein internes Seminar abhalten kann, gewissermaßen als Wiedergutmachung für die Absage der »Carlson Lecture«.[6]

»Ich will nicht nachtragend sein«, sagte Abbot. Aber es sei eben nicht dasselbe, ein internes Seminar zu geben oder eine prestigeträchtige Rede zu halten.

»Wir können es einfach nicht zulassen, dass Ehrungen und Würdigungen im Wissenschaftsbetrieb von einem Twitter-Mob abhängig gemacht werden.« Und tatsächlich war der Angriff auf Abbot zweifellos der Versuch, auch in den naturwissenschaftlichen Disziplinen die Grenzen des Sagbaren enger zu ziehen und sich von der Idee zu verabschieden, dass im Diskurs allein die Güte des Arguments zählt.

»Die Idee, dass eine rigorose geistige Debatte den Höhepunkt der Intellektualität darstellt, kommt aus einer Welt, in der weiße Männer das Sagen hatten«, sagte Phoebe A. Cohen in einem Interview mit der »New York Times« zum Fall Abbot. Cohen ist Professorin für Geowissenschaften am Williams College in Massachusetts. Es ist schwer, das Zitat nicht als Absage an eine Methode zu verstehen, die seit Jahrhunderten wissenschaftlichen Fortschritt garantiert: der offen und auch streitig geführte Diskurs um das bessere Argument.

5 CAMPUS CULTURE ODER: WIE UNIVERSITÄTEN ZU GEISTIGEN KLÖSTERN WERDEN

Im Frühjahr 2014 sollte Christine Lagarde die Rede für die Graduierten des Smith College halten. Die Wahl schien auf den ersten Blick perfekt: Smith ist eines der renommiertesten Colleges für Frauen in den USA. An der 150 Jahre alten Hochschule in Massachusetts hatte Betty Friedan studiert, die später eine der einflussreichsten Feministinnen der USA werden sollte. Wer es an das Smith College schafft, gehört fraglos zur progressiven Elite Amerikas – was nicht zuletzt auch daran liegt, dass die Studiengebühr derzeit rund 56.000 Dollar pro Jahr beträgt. Eine Ausbildung an diesem College muss man sich leisten können.

Lagarde war schon im Jahr 2014 so etwas wie eine feministische Ikone: Eine Frau aus dem nordfranzösischen Le Havre, die erst in der Männerwelt einer amerikanischen Anwaltskanzlei Karriere machte und anschließend in die Politik ging. Als im Jahr 2011 ihr Landsmann Dominique Strauss-Kahn über einen Vergewaltigungsvorwurf stürzte, wurde Lagarde als erste Frau zur Direktorin des Internationalen Währungsfonds gewählt. Doch kaum war die Einladung an Lagarde ausgesprochen, starteten Studentinnen des Smith College eine Online-Petition mit dem Ziel, die Rede zu verhindern.

Sie würden zwar die persönlichen Verdienste von Lagarde anerkennen, schrieben die Studentinnen. Dennoch kämen sie nicht um die Tatsache herum, dass Lagarde »ein guter Mensch in einem korrupten System« sei. »Der IWF war zentraler Übeltäter einer gescheiterten Entwicklungspolitik, die in einigen der ärmsten Länder der Welt Anwendung fand. Das hat dazu geführt, dass imperialistische und patriarchale Systeme gestärkt wurden, die Frauen auf der ganzen Welt missbrauchen und unterdrücken.« Am Smith College hätten sie gelernt, gegen Ungerechtigkeit aufzubegehren, so die Studentinnen, »und wir möchten nicht von einem System repräsentiert werden, das uns nicht unterstützt.«[1] Lagarde zog es daraufhin vor, ihre Zusage für die Rede wieder einzukassieren; sie ahnte offenbar, welcher Empfang sie erwarten würde.

Es war nicht das erste Mal, dass Redner nach Protesten von Studenten ihren Auftritt absagten. Im Jahr zuvor hatte schon der ehemalige Weltbank-Chef Robert Zoellick die Einladung für eine Rede am Swarthmore College in Pennsylvania ausgeschlagen. Doch um das Jahr 2014 wurde aus den Einzelfällen eine politische Bewegung, eine neue Form des Protestes, der nun auch Gehör fand. Überall in den USA fingen Studenten damit an, Gäste, deren politische Auffassungen sie für falsch, anstößig oder einfach nur für ärgerlich hielten, nicht nur zu ignorieren – sondern sie sorgten mit einer choreografierten Empörung dafür, dass sie keine Bühne erhielten. Condoleezza Rice, die erste schwarze US-Außenministerin, verzichtete auf eine Rede an der Rutgers University, weil Studenten sie wegen ihrer Rolle im Irak-Krieg für untragbar hielten. Im selben Jahr zog die Brandeis University eine Würdigung für die konservative Frauenrechtlerin Ayaan Hirsi Ali zurück, nachdem Studenten im Netz gegen sie Stimmung gemacht hatten. Die Fälle häuften sich derart, dass ein Begriff dafür kursierte: »disinvitation season«.[2]

Es war eine erstaunliche Entwicklung. Ausgerechnet amerikanische Universitäten, zu deren Fundament eigentlich der freie Austausch von Ideen und Meinungen gehört, wurden zum Experimentierfeld eines politischen Aktivismus, dessen erklärtes Ziel es war, Gegner zum Schweigen zu bringen. Anstatt um das bessere Argument zu ringen, zogen es Studenten vor, sich in der eigenen Weltsicht zu bestärken - und erklärten Versuche, sie einer alternativen Meinung auszusetzen, als Angriff auf ihre Sicherheit und emotionale Stabilität. Es war ein Denken im geistigen Bunker, das inzwischen auch in Deutschland um sich greift.

Über viele Jahrzehnte waren amerikanische Hochschulen stolz auf ihre Tradition der freien Aussprache. Es waren linke Studenten, die in den Sechzigerjahren des vergangenen Jahrhunderts das Recht auf Meinungsfreiheit eingefordert hatten. Die University of California, Berkeley, wurde zum Zentrum des »Free Speech Movement«, einer Bewegung, die daran glaubte, dass die Macht des freien Wortes gesellschaftlichen Wandel erzwingen kann.

Die Redefreiheit war in den USA immer auch eine Waffe

für den Fortschritt. Es waren die Proteste der Suffragetten, die den Boden für die Einführung des Frauenwahlrechts im Jahr 1920 bereitet hatten. Den »Civil Rights Act« aus dem Jahr 1964, der die Rassentrennung in den USA verbot, hätte es ohne die massiven Demonstrationen von Bürgerrechtlern nicht gegeben. Die USA zogen sich in den Siebzigerjahren auch deshalb aus Vietnam zurück, weil der blutige Krieg im Dschungel eine Generation junger Akademiker auf die Straße getrieben hatte. Das Recht von Schwulen und Lesben, heiraten zu dürfen, wurde mit dem Argument erkämpft, der Staat könne Homosexuelle nicht zu Bürgern zweiter Klasse stempeln. So gesehen war es eine neue Entwicklung, als linke Studenten Zensur und Einschüchterung als Mittel der politischen Auseinandersetzung entdeckten und zu Methoden griffen, die bisher vor allem vom rechten politischen Spektrum angewendet worden waren.

Das Recht auf freie Rede genießt in den USA einen umfassenden Schutz. Es ist im ersten Zusatzartikel der Verfassung verankert, und der Supreme Court hat in den vergangenen Jahrzehnten alle Versuche abgewehrt, es zu beschneiden. Dass der Staat bestimmte Meinungen verbietet, und seien sie noch so abseitig oder widerwärtig, ist dem amerikanischen Rechtsverständnis fremd. Die Leugnung des Holocausts ist in den USA ein ebenso abstruser Gedanke wie in Europa, aber bisher hat es keinen ernsthaften Versuch gegeben, ihn wie in Deutschland unter Strafe zu stellen. Die Idee, dass auch noch die verwerflichste Meinung nicht vom Staat unterdrückt werden sollte, ist tief im Selbstverständnis der Nation verwurzelt.

Der neue Zeitgeist an den Universitäten aber besagt, dass schon eine Rede eines konservativen Wissenschaftlers gefährlich sein kann. Im März 2017 sollte der Politologe Charles Murray am Middlebury College sprechen, einer Hochschule in Neuengland. Murray ist ohne Frage eine umstrittene Figur. Sein bekanntestes Buch heißt »The Bell Curve«. Es ist Mitte der Neunzigerjahre erschienen und stellt die These auf, dass - auch genetisch bedingte - Differenzen in der Intelligenz verschiedener Ethnien existieren. Es gab scharfe und berechtigte Kritik an dem Buch. Doch Murray sollte bei seinem Auftritt nicht über »The Bell Curve« sprechen, sondern über sein Buch »Coming Apart« aus dem Jahr 2012, das die gesellschaftliche Spaltung der USA beschreibt, die ein wesentlicher Grund für die Wahl Donald Trumps im November 2016 werden sollte. »Coming Apart« hatte auch in liberalen Medien große Beachtung gefunden. Der »New York Times«-Kolumnist David Brooks schrieb in einer lobenden Besprechung, Murray habe so genau wie niemand sonst die Veränderung in der amerikanischen Gesellschaft erfasst.[3]

Als Murray in Middlebury auftrat, empfingen ihn Studenten mit Slogans wie »Charles Murray, go away: racist, sexist, anti-gay!«[4] Das Geschrei war so laut, dass Murray von der Politik-Professorin Allison Stanger in einen anderen Raum geführt werden musste, damit er den Vortrag wenigstens per Livestream zu Ende bringen konnte. Daraufhin lösten Studenten Feueralarm aus, um die Rede zu unterbrechen. Als sich Murray und Stanger nach der Veranstaltung auf den Weg zu einem Abendessen machten, bedrängte sie ein teilweise maskierter Mob wütender

Demonstranten. Sie zogen die Professorin an den Haaren, schubsten sie herum und kletterten auf die Motorhaube des Autos, das den Gast zu dem Dinner bringen sollte. Am Ende des Abends musste Stanger bei einem Krankenhaus vorstellig werden, bei ihr wurde eine Gehirnerschütterung diagnostiziert, wie sie später berichtete: »Ich fürchtete um mein Leben.«

Es lohnt sich, den Aufruhr an dem College in Vermont etwas genauer zu betrachten, weil er genau den Konflikt beschreibt, von dem derzeit so viele amerikanische Universitäten zerrissen werden. Wenige Tage nach der Rede von Murray meldeten sich Dutzende Professoren des Middlebury College in einem gemeinsamen Appell zu Wort. Sie warnten, dass eine offene Debatte und wissenschaftliches Arbeiten nicht mehr möglich sein würde, sollte die Intoleranz Schule machen, mit der Murray an dem College empfangen worden war. Stanger ging in einem Essay für die »New York Times« noch weiter: Das Schicksal der Demokratie werde davon abhängen, dass es Amerikaner wieder lernten, zivil miteinander umzugehen, schrieb sie. Mit den Amerikanern meinte sie offenbar vor allem: ihre eigenen Studenten.[5]

Diese allerdings sahen keinen Grund zur Einsicht, im Gegenteil: In einem offenen Brief, der von weit über hundert Studenten unterzeichnet wurde, wiesen sie die Forderung nach einer offenen Debatte zurück. »Erfahrungen und Gefühle« seien auch ein Weg, die Welt zu erkunden, schrieben sie, und »die Hegemonie einer rationalen und gedanklichen Perspektive, wie man sie oft an Universitäten findet, begrenzt unsere gemeinsame Kreativität, unsere Gesundheit und unsere Möglichkeiten«.

Die Studenten verurteilten in dem Brief zwar Gewalt, bemühten aber andererseits jedes Argument, warum sie in diesem speziellen Fall vielleicht doch gerechtfertigt war. Auch Sprache könne Gewalt bedeuten, schrieben sie. »Wörter sind mächtig.« Die Studenten beklagten, dass rassistische Attacken an amerikanischen Universitäten insgesamt zugenommen hätten: »Zu verlangen, dass marginalisierte Studenten und ihre Verbündeten auf Intoleranz nicht mit Widerstand antworten können, heißt, mit zweierlei Maß zu messen.« Am Ende der Argumentationskette war der Angriff des Mobs plötzlich keine blinde Gewalt mehr, sondern ein Akt der Notwehr gegen eine zutiefst rassistische Gesellschaft und deren Komplizen in der Wissenschaft.[6]

Nicht nur am Middlebury College vollzog sich eine merkwürdige Umkehrung der Verhältnisse. An vielen Hochschulen in den USA bekämpften Studenten mit großer Aggressivität Meinungen, die nicht in ihr Weltbild passten – und verlangten gleichzeitig, dass man sie vor allem schütze, was ihr seelisches Gleichgewicht gefährden könnte. An manchen liberalen Colleges forderten Studenten die Einrichtung von »safe spaces«, um vor den Slogans der Wahlkampagne Donald Trumps geschützt zu werden. Am Oberlin College in Ohio musste sich ein Theater-Professor einer offiziellen Untersuchung stellen, weil er eine Studentin in einem etwas schärferen Ton gefragt hatte, ob sie bis zum Ende der Woche ein Video bearbeiten könne. Danach beklagte sich die Studentin bei der Universitätsverwaltung und erklärte, sie fühle sich erniedrigt und »unsafe«.[7]

In ihrem 2018 erschienenen Buch »The Coddling of the American Mind« machen der Jurist Greg Lukianoff und der Sozialpsychologe Jonathan Haidt ängstliche Eltern für diese neue Empfindlichkeit verantwortlich. Kinder, die nach 1980 geboren wurden, seien deutlich reglementierter erzogen worden als die Generationen zuvor. Sie hätten kaum die Gelegenheit bekommen, unbeaufsichtigt zu spielen und auch mal ein Risiko einzugehen. Die beiden Autoren führen das auf eine paranoide Elternschaft zurück, die es als ihre Aufgabe ansehe, jede Gefahr von ihrem Nachwuchs fernzuhalten. Und die gleichzeitig schon früh damit beginne, Kinder in ein lebenslaufoptimierendes Korsett aus Hausaufgaben, Sport und sozialen Aktivitäten zu stecken – aus Angst, diese könnten es nach der High School nicht auf ein prestigeträchtiges College schaffen.[8]

Wer ein paar Jahre in den USA verbracht hat, weiß, dass diese Beobachtung einen wahren Kern hat. Wir leben in Washington in der Nachbarschaft einer Grundschule, deren Verkehrslogistik an die eines mittleren Bundesligastadions erinnert. Jeden Morgen werden Hunderte Schüler mit dem Auto abgeliefert. Geleitet von Lotsen werden die Eltern in eigens ausgewiesene Zonen geführt, wo die Kinder aus dem Auto hüpfen und unter Aufsicht des Lehrpersonals ins Schulgebäude gehen. Nicht viele Eltern kommen auf die verwegene Idee, ihre Kinder unbegleitet mit dem Fahrrad oder zu Fuß zur Schule zu schicken. Das Behüten und Beglucken des Nachwuchses hat solche Ausmaße angenommen, dass sich in den Vereinigten Staaten schon eine Gegenbewegung gebildet hat, die »Free-Range Kids«, angeführt von einer ehemaligen Journalistin, die einen Sturm der Entrüstung geerntet hatte, weil sie ihren neunjährigen Sohn allein in der New Yorker U-Bahn fahren ließ.

Aber es wäre naiv, die hysterische Empfindlichkeit an amerikanischen Universitäten allein auf die psychologische Disposition einer neuen Studentengeneration zurückzuführen. Wenn Gefühle Argumente ersetzen, werden sie zu einer enorm wirkungsvollen politischen Waffe. Argumente kann man erwidern, Gefühle sind absolut. Wer mag sich auf offener Bühne oder in den sozialen Medien schon dem Vorwurf aussetzen, er sei unsensibel - oder noch schlimmer, ein verkappter Rassist? Gleichzeitig wurde die Schwelle dessen, was als Grenzüberschreitung gilt, in den letzten Jahren systematisch nach unten gesetzt - insbesondere mit dem Konzept der »Mikroaggressionen«.

Der Begriff ist auch in Deutschland angekommen, weshalb es sich lohnt, seine politische Dimension zu betrachten, die im Jahr 2007 ausführlich in einem Aufsatz für die Zeitschrift »American Psychologist« dargelegt wurde. In ihm werden Mikroaggressionen als eine Epidemie beschrieben, die das Leben von Minderheiten in den USA erschwere und die ihren Ursprung in den Sechzigerjahren des vergangenen Jahrhunderts habe. Damals sei zwar mit den Erfolgen der Bürgerrechtsbewegung der harte und offene Rassismus zurückgedrängt worden, schreiben die Autoren des Papiers, darunter Derald Wing Sue, Professor für Psychologie an der New Yorker Columbia University. Damit sei aber nur Raum geschaffen worden für eine neue Form der Diskriminierung, die »doppelbödiger und nebulöser« sei. Gerade liberale Weiße seien dafür anfällig, weil sie Werte verinnerlicht hätten, die es nicht zuließen, dass sie ihren unterbewussten Rassismus offen auslebten.[9]

Ohne Frage können auch kleine Ruppigkeiten und herablassende Worte Ausdruck eines verkappten Rassismus sein. Aber ist das in jedem Fall so? Das Konzept der Mikroaggression kümmert sich nicht um die verschlungene Dynamik menschlicher Beziehungen. Sue und seine Koautoren präsentieren in ihrem Aufsatz eine Liste von zehn Gesprächssituationen, in denen sich Weiße einer Mikroaggression schuldig machen. Darunter fällt der Satz »You speak good English« ebenso wie die Frage an einen asiatisch-stämmigen Amerikaner, ob er bei einem mathematischen Problem helfen könne. Dies sei beleidigend, so die Autoren, weil es das Klischee bediene, Asiaten seien besonders begabt im Umgang mit Zahlen. Auch die Feststellung, dass Amerika ein ethnischer Schmelztiegel sei, steht auf dem Index, weil dies den Versuch darstelle, Minderheiten zu assimilieren. Ebenso wie der Satz, dass sich der beste Bewerber durchsetzen möge, weil dies den »Mythos der Meritokratie« am Leben erhalte. Folgt man der Logik der Autoren, kann selbst die Eröffnung eines Schnapsladens in Harlem ein rassistischer Akt sein. Denn eine erhöhte Zahl von Alkoholgeschäften in schwarzen Vierteln sei eine »Mikroaggression auf Makroebene«, die das Klischee eines devianten schwarzen Verhaltens füttere.

Der Psychologieprofessor Sue beschreibt in dem Aufsatz eine persönliche Erfahrung mit einer Mikroaggression. Als er mit einem schwarzen Kollegen in einer kleinen und nur spärlich besetzten Maschine von New York nach Boston fliegen wollte, seien kurz vor Abflug drei weiße

Männer zugestiegen. Sie setzten sich wie Sue und dessen Kollege vorne in das Flugzeug – woraufhin die (weiße) Stewardess die beiden Wissenschaftler fragte, ob sie sich – zum Ausgleich des Gewichts – nach hinten setzen könnten. Sue und sein Kollege entsprachen der Bitte, aber er schildert in dem Aufsatz, wie sehr ihn der Gedanke ärgerte, Opfer einer versteckten rassistischen Geste geworden zu sein.

Das ist nicht ausgeschlossen. Es ist möglich, dass die Stewardess dachte, es sei einfacher, zwei Men of Color herumzuschieben. Vielleicht hatte sie sogar eine Freude daran. Vielleicht traute sie sich nicht, die drei weißen Männer umzusetzen, was nicht viel besser wäre. Vielleicht aber dachte sie, es sei eher zwei als drei Männern zuzumuten, sich noch einmal umzusetzen. Vielleicht dachte sie sich gar nichts. Am Ende kann die Frage nach den Motiven nur die Stewardess selbst beantworten.

Man kann das Konzept der Mikroaggression als Anleitung für einen rücksichtsvolleren Umgang miteinander betrachten. Aber es wurde auch ein Rezept für die zum Teil vollkommen verkorkste Kommunikation zwischen verschiedenen Ethnien in den USA. Denn wenn Menschen erst einmal darauf trainiert sind, in jedem noch so harmlosen Satz eine versteckte rassistische Botschaft zu erkennen, dann ist Schweigen im Zweifel die sicherste Lösung – zumal die Anforderungen oft vollkommen widersprüchlich sind. John McWhorter, Professor an der New Yorker Columbia University, sagte mir, im Grund könnten Weiße sagen, was sie wollten – es sei immer falsch:

»Weißen, die nur Weiße daten, wird gesagt: Das macht ihr, weil ihr Rassisten seid. Wenn aber ein weißer Mann mit einer schwarzen Frau ausgeht, gibt es den Vorwurf, er tue dies nur, weil er ein Abenteuer suche. Ein anderes Beispiel: Wenn Weiße sich aus schwarzen Wohnvierteln zurückziehen, wird das als white flight gegeißelt. Wenn Weiße in schwarze Wohnviertel ziehen, heißt es, sie trügen zur Gentrifizierung bei. Mit einer Bewegung, die derart widersprüchlich ist, kann etwas nicht stimmen. Sie ist so damit beschäftigt, den Rassismus der Weißen bloßzustellen, dass die Logik dabei völlig auf der Strecke bleibt.«[10]

Der schwarze Linguist McWhorter ist schon seit Jahren Kritiker des Konzepts der »Mikroaggression« und der Folgen, die es für das Leben an amerikanischen Universitäten hat. Wie leicht man zum Opfer der eigenen Studenten werden kann, bekam im Herbst 2021 Bright Sheng zu spüren, ein - bis dahin - gefeierter Professor für Komposition an der Universität von Michigan. Sheng wurde in Shanghai geboren und emigrierte 1982 in die USA. Aus seiner Feder stammen Werke, die asiatische und westliche Musiktraditionen miteinander verbinden. Zwei Mal war Sheng, der seit mehr als 15 Jahren an der Universität von Michigan lehrt, für den Pulitzerpreis nominiert.

In einem Kurs, in dem es um die Adaption von literarischen Texten für die Oper gehen sollte, zeigte er eine Verfilmung des Shakespeare-Stückes »Othello« aus dem Jahr 1965. In dem Film spielt Laurence Olivier den schwarzen Feldherrn - mit dicker schwarzer Farbe im Gesicht. Schon während Sheng den Film zeigte, machte sich laut einem Bericht der »New York Times« Empörung unter den Studenten breit. Bei der Leitung von Shengs Fakultät ging später eine Mail ein, in der es hieß, Studenten fänden nicht nur den Film empörend, sondern auch den Umstand, dass Sheng ihnen nicht vorab erklärt habe, warum er ausgerechnet diese »Othello«-Verfilmung für den Kurs ausgewählt habe. Sheng entschuldigte sich umgehend bei seinen Studenten und nannte seine Entscheidung, den Film zu zeigen, »unsensibel«.[11]

Das war sie tatsächlich. Schon in einer Besprechung des Films in der »New York Times« im Februar 1966 beklagte der Kritiker, Olivier würde mit der schwarzen Farbe im Gesicht und seinen rot geschminkten Lippen rassistische Klischees wiederaufleben lassen.[12] Aber die Verfehlung von Sheng war dann auch wieder nicht so gravierend, dass sie nicht mit einer Entschuldigung aus der Welt hätte geschafft werden können. Daran allerdings hatten seine Studenten offenbar kein Interesse. Sie waren auch nicht zufrieden, als der Dekan der Fakultät eine formelle Entschuldigung formulierte und schrieb, das Verhalten von Sheng sei nicht in Einklang mit den Diversity-Regeln der Universität zu bringen – was Sheng wiederum dazu veranlasste, noch einmal Abbitte zu leisen. Es sei sein Fehler gewesen, nicht zu sehen, dass von einem schwarz geschminkten Gesicht eine rassistische Botschaft ausgehe, schrieb Sheng in einer Mail.[13]

Aber dann fügte er noch an, dass er sich immer als ein Künstler gesehen habe, der Diversität fördere. Für die Aufführung einer seiner Opern habe er eine schwarze Frau als Hauptdarstellerin engagiert. Dies brachte den Zorn endgültig zum Überkochen. Eine Gruppe von Studenten wandte sich schriftlich an den Dekan der Fakultät und empörte sich, dass Sheng so tue, als hätten schwarze

Menschen nur dank seiner Hilfe Karriere gemacht. Sheng müsse sofort von der Aufgabe entbunden werden, den Kompositionskurs zu betreuen, weil er eine Atmosphäre kreiert habe, in der sich Studenten »unsicher und unwohl« fühlten.[14]

Dies ersetze aber keineswegs eine gründlichere Suche nach den »Wurzeln der weißen Vorherrschaft« an der Fakultät, hieß es in dem Brief weiter. Sammy Sussman, ein Teilnehmer des Seminars, schrieb im Netz einen langen Aufsatz, in dem er weitere Vergehen Shengs aufzählte: unter anderem beschuldigte er ihn, während einer Fakultätsversammlung Handyvideos angeschaut zu haben. »Ich kann mich erinnern, wie schockiert ich war, dass Professor Sheng seine Kollegen und Studenten so offen ignoriert hat.« Ebenso »schockiert« war Sussman aber dann auch, als Sheng unerwartet anbot, ihn während des letzten Jahres seines Untergraduierten-Programms zu betreuen. Auch das wertete Sussman als Zeichen von Shengs Privilegien – warum auch immer.[15]

Der Fall von Sheng ist auch deshalb bemerkenswert, weil sich der Komponist nicht in das Raster eines privilegierten Mannes pressen lässt. Sheng wurde 1955 in Shanghai geboren. Er war ein musikalisch begabtes Kind, aber seine Eltern – ein Arzt und eine Ingenieurin – mussten ihr Klavier abgeben, weil das Instrument in der Zeit der chinesischen Kulturrevolution als »bürgerlich« galt. Nach der Kulturrevolution konnte Sheng am Musik-Konservatorium in Shanghai studieren. 1982 reiste er schließlich in die USA aus und machte dort eine steile Karriere als Komponist und Hochschullehrer. Nichts ist weiter von der Realität entfernt als die Annahme, Sheng sei ein Mann, dem Privilegien in die Wiege gelegt worden seien. Sein Beispiel zeigt im Gegenteil, dass es für einen nichtweißen Einwanderer möglich ist, sich in den Vereinigten Staaten mit Talent und Fleiß bis nach oben zu arbeiten.

Es ist bei genauer Betrachtung wenig verwunderlich, dass sich zahlreiche asiatisch-stämmige Amerikaner nicht so einfach in die Gruppe der marginalisierten »People of Color« einreihen wollen. Denn viele kommen in dem kompetitiven Klima der USA sehr gut zurecht und sind eher die Verlierer der so genannten Affirmative Action. Im Jahr 2018 reichte eine Organisation, die asiatisch-stämmige Studenten vertritt, eine Klage gegen Harvard ein, die wohl renommierteste Universität der Welt. Sie argumentierte unter anderem, dass Harvard mit weichen Auswahlkriterien wie Persönlichkeit asiatisch-stämmige Bewerber aussieben würde. Die Universität stritt zwar die Vorwürfe ab. Gleichzeitig aber offenbarte laut der »New York Times« eine interne Harvard-Studie aus dem Jahr 2013, dass der Anteil der asiatisch-stämmigen Studenten in jenem Jahr bei 43 Prozent statt bei 19 Prozent gelegen hätte, sofern allein akademische Kriterien ausschlaggebend für die Zulassung an die Universität gewesen wären.[16]

Der Rechtsstreit liegt inzwischen beim Supreme Court in Washington und berührt eine sehr grundsätzliche Frage: Ist es richtig, mehr als 150 Jahre nach Abschaffung der Sklaverei und mehr als 50 Jahre nach Verabschiedung des »Civil Rights Act« immer noch schwarze Studenten zu bevorzugen? Oder ist es nicht an der Zeit, wie etwa der Linguist McWhorter in einem Meinungsbeitrag argumentierte, in

Zukunft die Förderung an die Frage zu koppeln, wer aus wirtschaftlich schwachen Verhältnissen stammt?[17]

Es ist ein Thema, das in den USA gerade heftig und emotional diskutiert wird – wie jedes Mal, wenn Rassismus und Diskriminierung eine Rolle spielen. Der Politologe Francis Fukuyama erzählte mir, wie er in einem Kurs mit Studenten im Frühjahr 2021 über Polizeigewalt gegen Schwarze diskutierte. Fukuyama wollte das Problem in verschiedene Dimensionen einteilen: Ist es überall in den USA virulent? Oder nur in bestimmten Städten? Spielt Bildung eine Rolle? Die Reaktion darauf sei erstaunlich gewesen, sagte Fukuyama, der an der Universität Stanford lehrt. Zuerst hätten sich einige seiner Studenten beklagt, dass er ein so aufwühlendes Thema aufgebracht habe, ohne sie vorher zu warnen. Andere hätten ganz grundsätzlich Anstoß an der Fragestellung des Seminars genommen. Ein Student habe erklärt: »Wenn Sie über Armut oder den Mangel an Bildung sprechen, dann könnte man auf die Idee kommen, dass es eine Erklärung jenseits von Rassismus für die Benachteiligung von Schwarzen geben könnte.«

Er habe schon in den Achtzigerjahren Debatten über Rassismus geführt, sagte mir Fukuyama. Aber damals sei es möglich gewesen, eine differenzierte Diskussion zu führen. Inzwischen herrsche dagegen die enorm simple Sichtweise vor, dass sich im Grunde jedes Problem auf Rassismus zurückführen lasse. Als ich Fukuyama fragte, ob er versucht habe, die Weltsicht seiner Studenten infrage zu stellen, antwortete er, er habe die Sache lieber auf sich beruhen lassen.[18]

Wie kam es dazu, dass sich die Debatten an amerikanischen Universitäten so verengt haben? Schaut man sich Umfragen unter Studenten an, dann spricht wenig dafür, dass diese selbst danach verlangen, in einen geistigen Kokon gesteckt zu werden. Laut einer Studie der »Knight Foundation« aus dem Jahr 2022 sagen 84 Prozent der Studenten an US-Hochschulen, dass die Redefreiheit wichtig für eine funktionierende Demokratie sei. 59 sind der Auffassung, dass an Hochschulen auch Meinungen erlaubt sein sollten, die als einseitig oder gar beleidigend wahrgenommen werden können. Allerdings gibt es in diesem Punkt enorme Diskrepanzen zwischen den verschiedenen Studentengruppen: Während nur 16 Prozent der weißen Studenten sagen, dass sie vor beleidigenden oder einseitigen Äußerungen geschützt werden sollten, plädieren 36 Prozent der schwarzen Studenten dafür und 32 Prozent der hispanischen.[19]

Es leuchtet ein, dass Gruppen, die lange unter Diskriminierung gelitten haben und noch immer darunter leiden, eine größere Rücksichtnahme einfordern. Die Frage ist allerdings, wie man den Schutz von Minderheiten mit dem Recht auf freie Rede in Einklang bringt. Wer sich in eine Debatte begibt, der erntet Widerspruch und läuft Gefahr, öffentlich widerlegt zu werden. Der Streit der Meinungen ist oft auch verletzend, das liegt in seiner Natur; wer widerspricht, der greift die Meinung eines anderen an, der sich dann beschämt oder beleidigt fühlen kann. Auch das Konzept des »hate speech« löst dieses Dilemma nicht auf. Natürlich ist es richtig, den Streit zivil zu führen, ohne Beleidigungen und Herabwürdigungen. Aber wo genau verläuft die Grenze? Einige Studenten am Middlebury College lehnten den Auftritt von Charles Murray mit dem Argument ab, dessen Thesen seien Ausdruck von »hate speech«. Man muss also nur die Definition weit genug ziehen, um mit dem Begriff jede Debatte zu ersticken.

Eine offene Diskussionskultur an Universitäten war keine Selbstverständlichkeit, sie musste hart erkämpft werden. Berühmte amerikanische Universitäten wurden nicht etwa als Orte der freien Debatte und im Geiste der Aufklärung gegründet, sondern waren religiöse Bildungsstätten. Was zählte, war die Reinheit der Lehre, weshalb es schnell zu Konflikten kam, wie die beiden Juraprofessoren Erwin Chemerinsky und Howard Gillman in ihrem Buch »Free Speech on Campus« schreiben. Religiöse Streitigkeiten am Harvard College waren mit ein Grund dafür, dass im Jahr 1701 das Yale-College als Bildungsstätte aus der Taufe gehoben wurde; Dispute dort führten im Jahr 1769 zur Gründung des Dartmouth College in Hanover, New Hampshire.

Es war ein langer Weg, bis aus den Stätten der religiösen Erziehung weltliche Bildungseinrichtungen wurden. Im Jahr 1865 gründeten der Geschäftsmann Erza Cornell und der Historiker Andrew Dickson White die Cornell University, die sich ganz bewusst dem wissenschaftlichen Arbeiten verschrieb. Drei Jahre später wurde die University of California als staatlich finanzierte Hochschule gegründet. Bald schlossen sich auch Hochschullehrer zusammen, um sich gegen den Versuch zu wehren, unerwünschte Meinungen zu sanktionieren. Mitte des 20. Jahrhunderts mussten vor allem Professoren um ihre Karriere fürchten, die im Verdacht standen, zu weit links zu stehen.[21]

Im Januar 1915 wurde die American Association of University Professors (AAUP) gegründet, die Hochschulen zu Orten des freien Meinungsaustausches erklärte. Die neue Vereinigung konnte aber nicht verhindern, dass viele Professoren ihren Job verloren, weil sie Kommunisten waren oder auch nur im Verdacht standen, marxistische Ideen zu vertreten.

Die University of California beschloss, dass sie keine Mitglieder der kommunistischen Partei in ihren Reihen dulden werde, und ganz ähnlich verhielten sich Harvard und Yale, dessen Präsident Charles Seymour im Jahr 1949 verkündete: »In Yale wird es keine Hexenjagden geben, weil es keine Hexen geben wird. Wir haben nicht vor, Kommunisten einzustellen.«

Die Lage änderte sich erst in den Sechzigerjahren, als mit dem Protest gegen den Vietnamkrieg, der Studentenrevolte und der Bürgerrechtsbewegung der doktrinäre Geist des Antikommunismus aus den Universitäten vertrieben wurde.[22] Es war also vor allem die Linke, die der freien Meinungsäußerung auf dem Campus zum Durchbruch verholfen hat – weswegen es umso merkwürdiger erscheint, dass sich nun vor allem jene um die Einengung des Meinungskorridors bemühen, die sich als progressiv verstehen. Freie Rede gilt nun nicht mehr als Instrument des Fortschritts, sondern als schädlich für den Seelenhaushalt. Die Bürokraten in der Universitätsverwaltung, die in den Sechzigerjahren noch als Handlanger eines repressiven Systems betrachtet wurden, gelten nun als Verbündete im Kampf gegen gefährliche Ideen.

Es ist eine bemerkenswerte Pointe – die allerdings vor allem vor Augen führt, wie einflussreich die identitäre

Linke in den USA schon geworden ist, zumindest im akademischen Milieu. Sprachkontrolle ist ein Herrschaftsinstrument. Das freie Wort war immer die Waffe derer, die sich sonst nicht zu wehren wussten. Insofern steckt in der Forderung, einen Redner von der Liste zu streichen oder eine Debatte zu beenden, häufig der Wunsch, den Status quo zu erhalten.

Nicht alle Universitäten unterwerfen sich dem neuen Comment. Die University of Chicago veröffentlichte im Jahr 2015 - auch als Reaktion auf Studentenproteste gegen unliebsame Redner - eine Erklärung, die sich ohne Wenn und Aber zur Redefreiheit bekennt. Es sei die Aufgabe der Universität, den Austausch der Ideen zu fördern, heißt es in dem Papier. Natürlich würden die Meinungen von Studenten und Professoren oft miteinander in Konflikt geraten. »Aber es ist nicht die Aufgabe der Universität zu versuchen, Menschen vor Ideen zu schützen, die sie nicht mögen oder mit denen sie nicht übereinstimmen - oder die sie vielleicht sogar als zutiefst beleidigend empfinden.«[23]

Die Erklärung hätte kaum klarer und deutlicher ausfallen können. In den vergangenen Jahren übernahmen 84 Colleges und Universitäten sie komplett oder sinngemäß, unter anderem Princeton, Georgetown und sogar das Smith College. Aber die Erklärung bleibt totes Papier, wenn sich im Konfliktfall niemand auf sie beruft. Und häufig knickt die Leitung einer Universität lieber ein, als sich dem Streit mit den eigenen Studenten zu stellen, die mit Twitter und Facebook jede Möglichkeit haben, ihre Empörung mit der ganzen Welt zu teilen.

Oft ist der Schutz der Reputation dann doch wichtiger als ein abstraktes Prinzip, und auch einzelne Professoren vermeiden lieber den Konflikt. Wenn selbst ein Wissenschaftler wie Fukuyama manchmal darauf verzichtet, mit den eigenen Studenten zu streiten - einer der renommiertesten Politologen der Welt -, warum sollte dann ein junger Assistenzprofessor das Risiko eingehen, dem leicht gekündigt werden kann?

Verschärft wird das Problem noch dadurch, dass viele amerikanische Universitäten eine eher beschränkte Vorstellung von Diversität haben. Auf der einen Seite achten sie - zu Recht - darauf, dass der Anteil von Frauen und Afroamerikanern unter den Professoren steigt. So genannte DEI-Programme sollen dafür sorgen, dass der Standard nicht länger die weiße, männliche Lehrkraft ist. Allerdings führen die Programme zu einer nicht selten recht willkürlichen Einstellungspraxis, die kaum noch etwas mit der Qualifikation der Bewerber zu tun hat.

Ein eindrückliches Beispiel dafür ist der Diversitätsreport der Fakultät für Biowissenschaften an der University of California, Berkeley. Diese hatte im Studienjahr 2018/2019 fünf neue Stellen zu besetzen, auf die sich 894 Wissenschaftler bewarben: 53,7 Prozent waren weiß, 25,7 Prozent asiatisch, 13,2 Prozent hispanisch, 2,8 Prozent schwarz. In einem ersten Schritt wurden 680 Bewerber ausgesiebt - und zwar einzig und allein anhand von Diversitätskriterien. Erst in einem zweiten Auswahlschritt spielte die Qualifikation eine Rolle, was schließlich zu einer Shortlist von 22 Bewerbern führte: Von denen waren 13,6 Prozent weiß, 18,2 Prozent asiatisch, 59,1 Prozent hispanisch und 9,1 Prozent schwarz. Der Anteil der Männer sank im Laufe des Bewerbungsverfahrens dramatisch, von ursprünglich 56,5 Prozent auf 36,4 in der Shortlist.[24]

Nun kann man mit guten Gründen argumentieren, dass es sinnvoll ist, Minderheiten aktiv zu fördern, um vergangene Diskriminierungen zu heilen. Nur ist es das eine, Frauen oder schwarze Kandidaten bei gleicher Qualifikation zu bevorzugen – aber etwas vollkommen anderes, einen Diversitätsfilter einzubauen, bei dem akademische Leistungen erst einmal gar keine Rolle spielen. Dazu kommt, dass die Diversitäts-Statements, die bei einer Bewerbung manchmal mitgeliefert werden müssen, offenbar nicht selten einem Gesinnungstest gleichkommen. Die Mathematikerin Abigail Thompson verglich sie mit dem Treueschwur aus den Fünfzigerjahren, mit dem Angestellte der University of California zu dem Bekenntnis gezwungen wurden, nicht Mitglied der Kommunistischen Partei zu sein. Heute, so Thompson, würden Bewerber aktiv benachteiligt, die sich nicht dem linken Spektrum zuordneten, und nannte als Beispiel die University of California, Berkeley. »Dieses System schließt speziell Bewerber aus, die an einen Grundsatz des klassischen Liberalismus glauben: dass jeder Mensch als einzigartiges Individuum betrachtet werden sollte und nicht als Repräsentant einer bestimmten Identität«, schrieb sie in einem Kommentar für das »Wall Street Journal«.[25]

Tatsächlich kann von politischer Diversität an vielen amerikanischen Universitäten kaum die Rede sein. Bei der jährlichen Konferenz der amerikanischen Sozialpsychologen im Jahr 2011 machte sich der Psychologieprofessor

Jonathan Haidt den Spaß, den rund 1000 Teilnehmern die Frage zu stellen, wo sie sich selbst politisch verorten. Rund 80 Prozent, so berichtet Haidt, hätten sich als liberal oder links der Mitte eingeschätzt, circa drei Prozent als moderat und weniger als ein Prozent (im ganzen Saal gingen drei Hände nach oben) als konservativ. Nun ist eine in den Saal geworfene Frage keine statistisch saubere Umfrage, aber systematische Erhebungen ergeben ein ähnliches Bild.

Laut einer Studie der Soziologen Neil Gross und Solon Simmons aus dem Jahr 2006 bezeichneten sich 20 Prozent der amerikanischen Professoren als konservativ, während sich 62 Prozent als links oder liberal einschätzten.[26] Eine Studie des Politologen Samuel Abrams zeigt, dass der Anteil von konservativen Professoren an amerikanischen Hochschulen im Zeitraum von 1989 bis 2014 deutlich zurückgegangen ist. Den stärksten Schwund erlebten private Colleges, die keine strengen Eintrittsvoraussetzungen für Studenten haben: Bezeichneten sich an diesen Hochschulen in den Jahren 1989 bis 1992 noch rund ein Viertel der Professoren als konservativ, waren es in den Jahren 2010 bis 2014 nur noch 10,9 Prozent. Gleichzeitig stieg die Zahl der liberalen und linken Professoren von 39,5 auf 65,3 Prozent.[27]

Besonders eindrücklich ist der Mangel an konservativen Professoren an der Harvard University. An der Fakultät für Künste und Wissenschaften - der größten der Universität - schätzen sich drei Prozent der Professoren als konservativ ein, wie die Studentenzeitung »The Harvard Crimson« im April 2021 berichtete.[28] Der »New York Times«-Kolumnist

Nicholas Kristof schrieb im Jahr 2016, in Fächern wie Soziologie oder Literatur seien konservative Professoren im Grunde eine gefährdete Spezies: »In manchen Disziplinen ist es einfacher, einen Marxisten als einen Republikaner zu finden.«[29]

»Meine Lage sieht so aus«, sagte mir Joshua Mitchell, einer der führenden Tocqueville-Experten in den USA und Professor für politische Theorie an der Washingtoner Georgetown University. »Als ich 1993 an die Universität kam, gab es jede Menge Kollegen, mit denen ich reden konnte. Heute gibt es 430 Fakultätsmitglieder, und ich habe niemanden, mit dem ich reden könnte. Keinen Einzigen. Ich bezeichne mich selbst als Liberalen. Aber meine linken Kollegen weigern sich, mich als liberal zu bezeichnen. Sie sagen: Es gibt nur zwei Möglichkeiten: Entweder du gehörst zu uns oder du bist ein Konservativer.«

Sind das alles Auswüchse, die mit Deutschland nichts zu tun haben? Die Universitäten in den USA sind anders organisiert als in der Bundesrepublik; große Elitehochschulen wie Stanford, Harvard oder Princeton sind milliardenschwere Privatunternehmen; daneben gibt es ein ganzes Biotop von privaten Colleges, die um Studenten konkurrieren und die sorgsam wie börsennotierte Firmen um Imagepflege bemüht sind. Aber es wäre ein Irrtum zu glauben, dass die illiberale Logik, die sich an vielen US-Hochschulen breitgemacht hat, gänzlich an Deutschland vorbeigegangen wäre.

Im Juni 2021 veröffentlichte die Heinrich-Böll-Stiftung einen Aufsatz, der unter der Überschrift »Pluralität verteidigen« stand, aber genau das Gegenteil forderte. »Die Pluralisierung der Wissenschaft macht es notwendig, die Ressourcen so umzuverteilen, dass die Freiheit der derzeit Privilegierten reduziert wird, um Freiheit für alle zu schaffen«, heißt es in dem Text des Freiburger Politologen Karsten Schubert. »Dies kann durch Techniken geschehen, die als ›politische Korrektheit‹ kritisiert werden: die Dekolonisierung von Lehrplänen, die systematische Privilegierung von Minderheitenstimmen durch inklusive Konferenzen oder die Umsetzung einer inklusiven Sprach- und Beschäftigungspolitik an Universitäten.«

Es ist eine Sprache, die im Gewand des Fortschritts daherkommt, aber im Kern dazu dient, abweichende Meinungen als privilegiert zu denunzieren. Inklusion wird so in einer Verdrehung der eigentlichen Bedeutung des Wortes zu einer Methode, liberale oder gar konservative Standpunkte zu verdrängen. Der Protest oder der Boykott von rechten Rednern ist in Schuberts Logik nicht etwa der Versuch, Meinungsfreiheit zu beschränken, sondern »Lern- und Forschungsfortschritt, der innerhalb der Wissenschaft hinsichtlich struktureller Diskriminierungen wie Rassismus, Sexismus, Trans- und Homofeindlichkeit stattfindet.«[30]

Wie dieser Fortschritt aussieht, lässt sich inzwischen an vielen Beispielen studieren. Im Januar 2018 beschloss die Alice-Salomon-Hochschule in Berlin, ein Gedicht Eugen Gomringers von der Fassade des Hochschulgebäudes zu entfernen. Sieben Jahre zuvor war der Schriftsteller noch mit dem Poetik-Preis der Hochschule ausgezeichnet worden, und zu Ehren Gomringers wurde das Gedicht »avenidas«

in großen Lettern an eine Hauswand gemalt. In der deutschen Übersetzung lautet es:

Alleen/Alleen und Blumen/Blumen/Blumen und Frauen/
Alleen/Alleen und Frauen/Alleen und Blumen und Frauen
und/ein Bewunderer

Die Geschichte der Affäre wurde oft erzählt: Die Klage von Studentinnen, die in dem »Bewunderer« einen Belästiger zu erkennen glaubten; die quälend lange Debatte an der Hochschule, was denn nun mit einem Gedicht zu geschehen habe, das noch vor wenigen Jahren ein Klassiker der Konkreten Poesie war und nun plötzlich als Rülpser des Patriarchats galt. Schließlich der Forderungskatalog des Asta an das Werk, mit dem das Werk Gomringers übermalt werden sollte: »Sexistische, rassistische, ableistische, lookistische, klassistische, ageistische oder sonstige diskriminierende Bezüge werden nicht akzeptiert.«

Es gab zu jener Zeit viel Empörung über die Entscheidung der Hochschule, das Gomringer-Gedicht zu entfernen. Die Kritik zielte in erster Linie auf einen ahistorischen Kunstbegriff, der ein Gedicht, das Anfang der Fünfzigerjahre geschrieben worden ist, mit den feministischen Maßstäben des frühen 21. Jahrhunderts misst. Aber noch radikaler war die Definition des Asta, in welchem Rahmen sich Kunst künftig zu bewegen habe. Nimmt man sie ernst, muss sich im Grunde jedes Gedicht und jedes Gemälde in den Dienst des Fortschritts stellen, der sich in der Dekonstruktion von Machtverhältnissen bemisst.[31]

Der Fall des Gomringer-Gedichtes zeigt, wie zerbrechlich ein offener Kunst- und Wissenschaftsbegriff wird, wenn die Attacke im Namen der Antidiskriminierung daherkommt.

Die Erfahrung machte auch Helmut Bley, ein emeritierter Professor für Afrikanische Geschichte. Bley sollte im Frühjahr 2021 im Rahmen der UN-Woche gegen Rassismus einen Vortrag über deutsche Kolonialgeschichte halten und mit jungen Aktivisten diskutieren. Die Stadt Hannover hatte ihn eingeladen, weil Bley ein ausgewiesener Experte auf dem Gebiet ist und er sich seit vielen Jahrzehnten dafür einsetzt, dass sich die Bundesregierung den Verbrechen stellt, die Deutsche in den ehemaligen Kolonien begangen haben.

Doch dann protestierte eine Gruppe namens IDiRa (»Initiative für Diskriminierungssensibilität und Rassismuskritik«) gegen den geplanten Auftritt des Professors. Laut Bley kam es Ende Februar 2021 zu einer Vorbesprechung, an der neben dem Professor und Vertretern der Stadt Hannover auch Aktivisten von IDiRa teilnahmen. »Die sagten, bevor ich überhaupt ein Wort verloren hatte, mit einem alten weißen Mann würden sie nicht sprechen, der hätte überhaupt keine Kompetenz, über Afrika zu reden«, erinnerte sich Bley im Gespräch mit mir.

Der Professor argumentierte, dass eine solche Haltung die Wissenschaftsfreiheit gefährde. In einem Papier, das er nach der Besprechung verfasste, schrieb Bley: Würde sich die Forderung durchsetzen, dass nur schwarze Menschen zu afrikanischer Geschichte sprechen dürfen, bedeutete dies das Ende eines universalen Wissenschaftsbegriffs. Felix Weiper, der Pressechef der Stadt Hannover, sagte mir, es sei ja gerade das Ziel der Stadtverwaltung gewesen, einen renommierten Wissenschaftler mit jungen Aktivisten zusammenzubringen, um über das Thema Rassismus zu diskutieren. »Aber dann hat sich IDiRa so erklärt, dass sie

sagten: ›Wir reden nicht mit Professor Bley. Aus Prinzip.‹«
Alle Vermittlungsversuche seien gescheitert, weshalb der
Stadt nichts anderes übrig geblieben sei, die Veranstaltung
abzusagen und Bley die Möglichkeit zu geben, seine Rede
in einem anderen Rahmen einige Monate später doch noch
zu halten. Ein Sturm im Wasserglas also? Man kann das so
sehen. Allerdings muss der über 80-jährige Bley auch keine
Karriere mehr machen und Rücksichten nehmen. Diesen
Luxus können sich jüngere Wissenschaftler nicht leisten.

Viele würden es kaum wagen, sich dem vorherrschenden
Geist zu widersetzen, sagte mir Peter Hoeres, der Neueste
Geschichte an der Universität Würzburg lehrt. »Da gibt es
eine Schere im Kopf, weil die meisten Wissenschaftler bis
Anfang Mitte 40 prekär oder mit einem Zeitvertrag beschäftigt sind. Das hat schon zu einer immensen Uniformierung
beigetragen.« Hoeres sagte, er habe dies selbst auf dem Historikertag in Münster im Jahr 2018 erlebt. Damals verabschiedete der Kongress mit großer Mehrheit eine politische Resolution, die sich unter anderem für eine »historisch
sensible Sprache« einsetzte und die Migration als historische Konstante bezeichnete, die »die beteiligten Gesellschaften insgesamt bereichert«. Hoeres stimmte mit wenigen Kollegen gegen das Papier. »Wir waren der Meinung,
dass wir unser Fach nicht politisieren sollten. Man kann
nicht sagen: Migration war immer gut. Das ist genauso unsinnig, wie das Gegenteil zu behaupten. Mir war die Erklärung einfach zu holzschnittartig, und deswegen habe ich
dagegen gestimmt. Danach kamen mehrere Nachwuchswissenschaftler auf uns zu und sagten, sie hätten es sich
einfach nicht getraut, gegen die Resolution zu stimmen.«

Unter welchem Druck junge Wissenschaftler stehen, zeigte im Sommer 2021 der Text eines Literaturwissenschaftlers in der »Zeit«. Der Mann hatte eigentlich alles richtig gemacht: glänzender Studienabschluss, Promotion in Berlin und Princeton, Publikationen in Fachzeitschriften. Aber er blieb in der Endlosschleife von Zeitverträgen und undurchschaubaren Berufungsverfahren hängen. Als die damalige Forschungsministerin Johanna Wanka ankündigte, 1000 Professuren für den wissenschaftlichen Nachwuchs zu schaffen, schöpfte er noch einmal Hoffnung. Vergeblich. »Alle, wirklich alle ›meiner‹ Juniorprofessuren werden mit Frauen besetzt. Man sagt mir: Es ist eine schlechte Zeit für junge Männer.« Wer will unter diesen Umständen auch noch das Risiko eingehen, eine abweichende Meinung zu vertreten? In den Gender Studies etwa die Doktrin infrage zu stellen, das Geschlecht sei ein soziales Konstrukt?

Noch sei es nicht so dramatisch wie in den USA oder Großbritannien, sagte mir Susanne Schröter, Professorin für Ethnologie an der Universität Frankfurt. »Aber auch hier gibt es eine Kultur der Unterwerfung und des Stillschweigens. Wer etwas werden will in bestimmten Fächern, muss mit den Wölfen heulen und ansonsten besser seinen Mund halten. Viele junge Akademiker gehen, bevor sie eine Professur bekommen, durch eine enorm prekäre Phase. Sie hangeln sich von Zeitvertrag zu Zeitvertrag und sind auf Beziehungen angewiesen, um publizieren zu können. Wenn man da nur ansatzweise einen zweifelhaften Ruf bekommt, weil man eine etwas abweichende Meinung vertritt, ist die Karriere beendet. Ich finde das dramatisch.«

Schröter, die sich selbst als links bezeichnet, sitzt wie der konservative Historiker Hoeres im Vorstand des Netzwerkes Wissenschaftsfreiheit, das für eine Debattenkultur frei von der Sorge »vor moralischer Diskreditierung, sozialer Ausgrenzung oder beruflicher Benachteiligung« eintreten will, wie es im Gründungsmanifest heißt. Hoeres findet wie Schröter, dass es in Deutschland noch keine amerikanischen Verhältnisse gebe. Aber durchaus Anlass zur Sorge: Erst kürzlich habe er mit einem linken Professor für Philosophie auf einem Podium gesessen. »Am Ende meinte der ganz unironisch, dass er es schade fände, dass ich eingeladen worden sei.«

Hoeres glaubt, dass es inzwischen etliche akademische Disziplinen gebe, in denen es gar nicht mehr darum gehe, mit einem offenen Geist die Welt zu erkunden. »Seit Max Weber ist es eigentlich Grundkonsens, dass Wissenschaften über das Zustandekommen von Denkmustern aufklären, diese aber nicht erzeugen«, sagt er. Aber manche Fächer würden inzwischen vor allem dazu dienen, Studenten mit einer ganz speziellen Weltsicht auszustatten. Hoeres nennt diese leicht despektierlich »Agendawissenschaften«.

Ist das ungerecht? Es wäre sicherlich falsch, Disziplinen wie die Gender Studies grundsätzlich als Orte der Indoktrination zu sehen, sagte mir der Berliner Politikwissenschaftler Herfried Münkler. Aber sie neigten dazu, zum Sammelbecken für Aktivisten zu werden, weswegen es gerade in solchen Fächern wichtig sei, ausgewogen und methodisch sauber zu arbeiten. »Und intellektuell schwächere Leute haben natürlich die starke Neigung, in solche Fächer zu gehen und dort Glaubensstärke zu beweisen«, so Münkler.

»Wer am heftigsten glaubt und betet, der ist der Beste.« Dies
wiederum führe dazu, dass ein zentrales Element der Geis-
tes- und Sozialwissenschaften in den Hintergrund gedrängt
werde: der methodische Zweifel.

Weitgehend unbeachtet von der Öffentlichkeit hat sich
im Jahr 2017 die »Akademie für Soziologie« gegründet, ein
Verband von inzwischen rund 300 empirisch-analytisch
arbeitenden Wissenschaftlern. In dem Gründungsaufruf
heißt es: »In einer Zeit, in der populistische Bewegungen und Vorstellungen einer nur ›konstruierten‹ Wirklichkeit und ›alternativer Fakten‹ an Boden gewinnen, ist es
umso notwendiger, in der Tradition der wissenschaftlichen
Aufklärung nach faktenbasierten, prüfbaren und dann auch
praktisch verwertbaren Erkenntnissen zu streben.« Was
klang wie ein Seitenhieb auf die Realitätsverachtung des
gerade frisch gewählten US-Präsidenten Trump, war in
Wahrheit vor allem eine Kritik an Fachkollegen, die sich in
den Dienst eines politischen Aktivismus stellen.[32]

Die »Akademie für Soziologie« versteht sich als Alter-
native zu der mehr als hundert Jahre alten »Deutschen Gesellschaft für Soziologie«, die seit April 2021 von Paula-
Irene Villa Braslavsky geführt wird, einer Professorin für
Gender Studies an der Ludwig-Maximilians-Universität
München. Villa ist eine der führenden Vertreterinnen einer
Denkschule, die besagt, dass das Geschlecht ein Konstrukt
sei - weswegen Villa es für problematisch hält, Menschen
in Männer und Frauen einzuteilen. »Warum reden wir im
Sinne der Präzision nicht besser von Menschen mit Gebär-
mutter oder von Menschen, die Spermien produzieren?«,
fragte Villa im April 2022 in einem Gespräch mit der »Zeit«.[33]

Ein Satz, der bei Kollegen für Kopfschütteln sorgte. »Wenn wir als Soziologen damit anfangen, die Welt nur noch als Machtnarrativ zu betrachten, dann leisten wir einer gefährlichen Entwicklung Vorschub: dem Glauben, dass es so etwas wie objektive Wissenschaft und überprüfbare Fakten nicht mehr gibt«, sagte mir Stefanie Kley, Soziologie-Professorin an der Universität Hamburg und Beisitzerin im Vorstand der »Akademie für Soziologie«.

Die Soziologin Villa ist Spezialistin für das Werk der kalifornischen Philosophin Judith Butler, die im Jahr 1990 das Buch »Gender Trouble« veröffentlicht hatte, das stark von der Diskurstheorie Michel Foucaults geprägt ist. In ihrem legendär verwickelten Stil formulierte Butler den Gedanken, dass auch das biologische Geschlecht ein gesellschaftliches Konstrukt und damit das Ergebnis von patriarchalen Machtstrukturen sein könnte: »Man kann nämlich den Körpern keine Existenz zusprechen, die der Markierung ihres Geschlechts vorherginge«, schreibt Butler.[34]

Es war eine Idee, die nicht nur den Feminismus in seinen Grundfesten erschüttern sollte, sondern ganz grundsätzlich das Verständnis von Mann und Frau. Es war Butler, die den Begriff »queer« mitprägte und der dabei helfen soll, traditionelle Geschlechterrollen zu unterhöhlen und lustvoll zu karikieren. Butlers theoretische Wende trug dazu bei, dass in der ganzen westlichen Welt Institute für Frauenforschung in Gender Studies umbenannt wurden.

Es wäre ein Fehler, Fächer wie Gender, Queer oder Postcolonial Studies für akademische Nischenfächer zu halten, die mit dem realen Leben nichts zu tun haben. Nach dem Streit um eine Kolumne der Autorin Hengameh Yaghoobifarah, in der diese Polizisten auf den Müll wünschte, schrieb der »taz«-Redakteur Christian Jakob eine scharfsinnige Analyse über eine neue Journalistengeneration, die ideologisch so gefestigt aus den Universitäten komme, dass es selbst alten »taz«-Redakteuren unheimlich werde:

»Die meisten von ihnen kamen ab etwa 2005 an die Universität und wurden dort politisch sozialisiert, als Identität, Repräsentation und Privilegien zu den zentralen Begriffen wurden. Dies geht zurück auf TheoretikerInnen wie den tunesisch-französischen Soziologen Albert Memmi, der Rassismus früh als Werkzeug zur Verteidigung individueller Privilegien deutete. Dies prägte, erst kaum beachtet, ab den 1990er Jahren Teile der deutschen Erziehungswissenschaften, vor allem die Erwachsenenbildung, später dann Teile der Queer Studies, der Sozial- und Kulturwissenschaft, der Ethnologie, Critical Race Studies und Critical Whiteness. Seit etwa 2010 hat intersektionales Denken akademische Hochkonjunktur. Es verbreitete sich derartig schnell, dass seine AnhängerInnen das selber nicht gemerkt haben. Mit dem Verweis auf an Identität gekoppelte Expertise werden heute Diversity-Quoten eingefordert, die ›ganz neue Perspektiven‹ einbringen sollen. Faktisch sind PoC noch immer überall da deutlich unterrepräsentiert, wo viel Geld verdient und wichtige Entscheidungen getroffen werden. Gleichzeitig aber sind Unis, Stiftungen, Beratungsstellen, NGOs, Teile des öffentlichen Dienstes und viele Medien heute voller junger AkademikerInnen, die intersektional denken. Dies ist vielerorts nicht marginalisiert, sondern teils längst hegemonial. Und auch dies sind Schaltstellen gesellschaftlicher Macht.«[35]

So gesehen bildeten Universitäten immer auch die Vorhut für Entwicklungen, die später ganze Gesellschaften prägen. Sie sind das Labor für Gedanken, die in Schulen einsickern, in Unternehmen, in den Staat – und in die Medien.

6 DIE MEDIEN ODER: WIE PARTEILICHKEIT ZUR TUGEND WIRD

Auch große Dramen beginnen zuweilen als Farce. Im Mai 2020 gab Alison Roman, Food-Kolumnistin der »New York Times«, ein Interview, in dem sie über zwei Kolleginnen lästerte, die im Netz zu Ruhm und Reichtum gelangt waren. Roman warf der Ordnungsqueen Marie Kondo und dem Internetkochstar Chrissy Teigen vor, ihre Popularität schamlos dafür zu benutzen, Besteckkästen und Kochtöpfe zu verkaufen – was nicht ohne Ironie war, schließlich hatte sich auch Roman damals bereits ein kleines Marketingreich samt eigener Löffelkollektion zugelegt.[1]

Wahrscheinlich wäre der Streit zwischen den Frauen in der überschaubaren Welt der Food- und Ordnungsfanatiker geblieben, hätte er im Netz nicht eine ganz eigene Wendung genommen. Kondo stammt aus Japan, das Supermodel Teigen hat eine thailändische Mutter, und schnell entwickelte sich auf Twitter eine Debatte über die angeblich rassistischen Äußerungen Romans, die von dort in die traditionellen

Medien schwappte. »Hier geht es nicht nur um eine Frau, die andere Frauen niedermacht«, hieß es in einem empörten Leitartikel der »Washington Post«. »Hier erleben wir, wie eine weiße Frau zwei asiatische Frauen niedermacht, wo es doch genug weiße und männliche Geschäftemacher gibt, an denen man sich abarbeiten könnte.« Roman veröffentlichte eine zerknirschte Entschuldigung und gelobte, sich künftig stärker ihre eigenen »weißen Privilegien« bewusst zu machen. Es half nichts. Romans Kolumne wurde ausgesetzt, bald darauf verließ die Autorin das Blatt.[2]

Wenn man so will, war die Posse um Roman der Auftakt für einen Konflikt, der die »New York Times« bis in die Grundfesten erschüttert. Im Februar 2021 trieb der damalige Chefredakteur Dean Baquet den Reporter Donald McNeil Jr. aus dem Haus, wieder ging es um eine angeblich unsensible Äußerung – nur dass es diesmal nicht eine Expertin für vegetarische Pastagerichte traf, sondern einen Reporter, der 45 Jahre lang für die Zeitung gearbeitet hatte und zur Stimme und zum Gesicht der Corona-Berichterstattung des Blatts geworden war.[3]

Es war McNeil, der am 27. Februar 2020 im Nachrichtenpodcast »The Daily« – einem der meistgehörten der Welt – davor warnte, dass Sars CoV-2 zu einer globalen Katastrophe führen werde, die in ihrer Dimension nur mit der Spanischen Grippe zu vergleichen sei. Damals gab es in den USA noch weniger als ein paar Dutzend Covid-19-Fälle pro Tag, und Präsident Donald Trump tat so, als würde die Gefahr mit dem warmen Wetter im Frühjahr verschwinden. McNeil aber sagte: »Wir müssen verstehen, dass viele Menschen sterben könnten, wenn wir unser Verhalten nicht ändern.«

»Don war der Reporter, der einer noch ungläubigen Welt erklärt hat, was auf sie zukommen wird«, sagte mir ein Redakteur, der seit Jahrzehnten für die »New York Times« arbeitet. »Und dieser Mann wurde dafür bestraft, dass er ein einziges Mal ein falsches Wort benutzt hat? Das ist zutiefst beunruhigend.« Ein ehemaliger leitender Redakteur meinte: »Wir dürfen unseren Lesern nicht den Eindruck geben, dass die ›Times‹ eine Art Fox News von links wird.« Das Blatt mit dem Krawallsender aus dem Reich Rupert Murdochs zu vergleichen, ist der maximale Affront.

Wahrscheinlich war es kein Zufall, dass die »New York Times« ausgerechnet mit dem Ende der Regierungszeit Trump in eine Identitätskrise stürzte. Der Präsident war für das Blatt Feindbild und Glücksfall zugleich. Im Laufe seiner Amtszeit hat die Zeitung mehr als vier Millionen neue Abonnenten gewonnen. Zugleich trieb der Populist im Weißen Haus die Redakteure zu journalistischen Glanzleistungen an. Es war die »New York Times«, die mit einer hartnäckigen Recherche an Trumps Steuerunterlagen herankam. Allein im Jahr 2022 gewann das Blatt drei Pulitzerpreise.

Aber die Präsidentschaft Trumps stellte auch die Frage nach dem journalistischen Selbstverständnis in einer bisher nie gekannten Dringlichkeit. Die »New York Times« hat über Jahrzehnte peinlich genau auf ihre parteipolitische Unabhängigkeit geachtet. Ihr Ruhm speiste sich aus Recherchen, nicht aus der politischen Haltung der Redakteure. Bis heute gibt es Reporter wie den Washingtoner Chefkorrespondenten Peter Baker, der nie wählen geht, um seine Unabhängigkeit zu demonstrieren.

Seit einigen Jahren aber drängt eine neue Generation in den Newsroom, die diese Ideale für ein Zeichen mangelnden politischen Bewusstseins hält - und zugleich geprägt ist von der Erregungsbereitschaft in den sozialen Medien. Insofern werde die »New York Times« nicht vom Chefredakteur geführt und auch nicht vom Herausgeber Sulzberger, sondern von Twitter, sagte mir Yascha Mounk, Professor für Politikwissenschaft an der Johns Hopkins University.

Man mag das für zugespitzt halten, aber es ist schwer zu leugnen, dass sich die Logik der sozialen Medien und ein zunehmender Aktivismus im Journalismus gegenseitig verstärken - und zwar auf beiden Seiten des Atlantiks. Insbesondere Twitter ist zu einem prägenden Medium für viele Journalisten geworden, und auf der Plattform geben vor allem die radikalen Stimmen von links und rechts den Ton an. Laut einer umfassenden Studie mit dem Titel »Hidden Tribes« aus den Jahren 2017 und 2018 machen so genannte »progressive activists« nur acht Prozent der US-Bevölkerung aus. Gleichzeitig sind es diese »progressiven Linken«, die mit Abstand am fleißigsten ihre politischen Ansichten in den sozialen Medien verbreiten (gefolgt von »devoted conservatives«, die sechs Prozent der US-Bevölkerung stellen).[4]

Gleichzeitig deuten alle Zahlen darauf hin, dass der Journalismus vor allem progressiv eingestellte Akademiker anzieht, und zwar sowohl in Deutschland als auch in den USA. Es sind Phänomene, die sich gegenseitig hochschaukeln und zu dem Eindruck beitragen, dass die Meinungsvielfalt in den etablierten Medien abnimmt.

Auch der Abgang McNeils ist ohne die Dynamik der

sozialen Medien nicht zu verstehen. McNeil nahm im Jahr 2019 an einer Studienreise nach Peru teil, die die »New York Times« angeboten hatte. Bei einem Essen mit Schülern entspann sich eine Debatte über Rassismus und die Frage, welche Konsequenzen es haben sollte, wenn jemand ein rassistisches Schimpfwort für Afroamerikaner verwendet. In der offenbar erhitzten Debatte benutzte McNeil das »N-Wort« selbst, allerdings nur als Zitat – wie oft und in welcher Tonlage, darüber gehen die Darstellungen auseinander.

Nach der Reise beschwerten sich etliche Schüler über McNeil. Chefredakteur Baquet verpasste McNeil lediglich eine Abmahnung, weil er das Schmähwort ohne böse Absicht ausgesprochen habe, wie er später seiner Redaktion mitteilte. Damit schien die Sache erledigt. Dann aber berichtete das Onlineportal »The Daily Beast« über den Vorfall in Peru.[5] 150 »Times«-Mitarbeiter verlangten darauf in einem Brief weitere Untersuchungen und eine Entschuldigung McNeils. »Unsere Gemeinschaft ist außer sich und in Schmerz«, hieß es darin. Chefredakteur Baquet sei der Meinung, McNeil habe nicht böswillig gehandelt. Dessen Absicht aber sei »irrelevant«. Zum Entsetzen vieler »Times«-Redakteure machte sich Baquet die Auffassung des Protestbriefs zu eigen. »Wir akzeptieren keine rassistische Sprache, unabhängig von der Absicht«, erklärte Baquet vor der Belegschaft. Obwohl er McNeil schon gerügt hatte, entzog er ihm die Leitung der Corona-Berichterstattung und drängte ihn schließlich zur Kündigung.

Der Rauswurf McNeils war auch eine Verbeugung vor dem Zeitgeist. Die »New York Times« hat in den vergangenen Jahren Hunderttausende junge, akademisch gebildete

Leser gewonnen, die das Abonnement auch als Teil des Widerstands gegen Donald Trump begriffen haben. »Nun gibt es die Versuchung, diesen Lesern genau das zu geben, was sie erwarten: eine linke Haltung«, sagte mir eine ehemalige Führungskraft der »Times«. Ben Smith, der frühere Medienredakteur des Blatts, formulierte es so: Die Zeitung habe die Wahl, den alten Weg der Meinungsvielfalt zu halten - oder sich zu einem linken Blatt wie dem britischen »Guardian« zu wandeln.[6]

Es wäre ein beispielloser Traditionsbruch für die wohl wichtigste Zeitung der Welt. Die »New York Times« hatte sich in den vergangenen Jahren im Meinungsteil die Mühe gegeben, den Lesern ein breites Spektrum zu bieten: James Bennet, der prominente Chef der Kommentarseiten, sorgte dafür, dass dort auch konservative Stimmen wie Bret Stephens zu Wort kommen, der ehemalige Chefredakteur der »Jerusalem Post«. Doch Bennet wurde von Herausgeber Sulzberger zum Rücktritt gedrängt, nachdem er im Sommer 2020 einen umstrittenen Meinungsbeitrag des republikanischen Senators Tom Cotton hatte drucken lassen.

Der Tumult bei der »New York Times« ist das eindrücklichste, aber sicher nicht das einzige Beispiel für den tiefgreifenden Wandel der liberalen Medien in den USA. Bisher ist es der neuen, dogmatischen Linken nicht gelungen, politische Mehrheiten für sich zu gewinnen - weder in Deutschland noch in den Vereinigten Staaten. Joe Biden, ein durch und durch gemäßigter Demokrat, konnte die Präsidentschaftswahl für sich entscheiden. In New York heißt der neue Bürgermeister Eric Adams, ein schwarzer ehemaliger Polizist, der den Black-Lives-Matter-Slogan »Defund the police« für eine große Verirrung hält. »Wenn ich aus der U-Bahn aussteige, will ich oben am Treppenabsatz einen Polizisten sehen«, sagte Adams der »New York Times«.[7]

Aber die Dogmatiker setzen dort an, wo es nicht unbedingt Mehrheiten braucht, um den Ton anzugeben – in Schulen, Universitäten und den Medien. Der Fall Bennet ist dafür ein besonders eindrückliches Beispiel, weil der Journalist eine makellos progressive Biografie vorweisen kann. Er ist ein Yale-Absolvent und begann seine Karriere beim linken Magazin »New Republic«. Für die »New York Times« berichtete er aus dem Weißen Haus und stieg später zum Büroleiter in Jerusalem auf, bevor er im Jahr 2006 Chefredakteur des Magazins »The Atlantic« wurde, das er zurück in die Gewinnzone führte. Der wohl größte journalistische Erfolg Bennets war die Veröffentlichung einer »Atlantic«-Titelgeschichte des schwarzen Autors Ta-Nehisi Coates. In ihr plädiert Coates für Reparationen für die Nachkommen von Sklaven in den USA. Er stieß damit eine Debatte an, die bis heute nachwirkt.

Wie kann es sein, dass ein Mann wie Bennet von einem Tag auf den anderen gefeuert wird? Im Juni 2020, inmitten der zum Teil gewalttätigen Ausschreitungen in amerikanischen Städten nach dem Mord an George Floyd, erschien in der »New York Times« ein Gastbeitrag des republikanischen Senators Cotton mit dem Titel »Send in the Troops«. Darin forderte Cotton, das US-Militär in die Innenstädte zu schicken, um für ein Ende der Gewalt zu sorgen – eine Meinung, die damals von einer Mehrheit der wahlberechtigten Amerikaner geteilt wurde.[8]

Man kann sicherlich darüber diskutieren, ob es die

Aufgabe der »New York Times« ist, einen Kommentar eines notorischen Krawallbruders wie Cotton zu publizieren. Und es hat Bennet sicher nicht geholfen, dass er zugeben musste, den Gastbeitrag vor seiner Veröffentlichung nicht gelesen zu haben. Aber das war im Kern nicht der Grund für Bennets Rauswurf. Er musste gehen, weil sich seine eigenen Kollegen gegen ihn gewandt hatten – unter anderem mit dem Argument, man biete Cotton ein Forum, auf dem dieser sich ohne Gegenrede an ein breites Publikum wenden könne. Außerdem stelle der Kommentar eine Bedrohung für Leib und Leben von Journalisten dar, die über die Ausschreitungen in den amerikanischen Innenstädten berichteten. »Die Veröffentlichung bringt schwarze »New York Times«-Mitarbeiter in Gefahr«, schrieb Jenna Wortham, Redakteurin des »New York Times«-Magazins in einem Tweet, der mehr als 25.000-mal geliked wurde.[9]

Beides sind bei näherer Betrachtung erstaunliche Einwände. Die »New York Times« hat in der Vergangenheit immer wieder Politiker mit eher zweifelhaftem Ruf zu Wort kommen lassen – den russischen Präsidenten Wladimir Putin genauso wie den afghanischen Warlord und stellvertretenden Taliban-Chef Sirajuddin Haqqani. Die Taliban, schrieb Haqqani im Februar 2020 in einem Meinungsbeitrag für die »Times«, seien einem inklusiven politischen System verpflichtet, »in dem die Stimme eines jeden Afghanen reflektiert wird und in dem sich kein Afghane ausgegrenzt fühlt« – ein Satz, der sicherlich viele westlich orientierte Afghaninnen getröstet hat, nachdem die Taliban sie nach dem Abzug der US-Armee im Sommer 2021 unter eine Burka zwangen.[10]

Noch erstaunlicher ist das Argument, Cottons Leitartikel bringe das Leben von Journalisten in Gefahr. Nicht, weil es falsch wäre. Ohne Zweifel besteht die Möglichkeit, dass Reporter zwischen die Fronten geraten, wenn hochgerüstete Soldaten in die amerikanischen Innenstädte einrücken. Aber wenn die Sicherheit von Journalisten das entscheidende Kriterium für einen Meinungsbeitrag ist, dann müsste die Zeitung konsequenterweise jeden amerikanischen Militäreinsatz ablehnen.

Ich schreibe hier so ausführlich über den Fall Bennet, weil er eine Wegscheide in der Geschichte des liberalen Journalismus in den USA darstellt. Bennet, der lange als möglicher Nachfolger des scheidenden Chefredakteurs Baquet galt, fiel einer Fraktion innerhalb der Zeitung zum Opfer, die einen eng definierten Meinungskorridor durchsetzen will. Bennet war eigens deshalb geholt worden, um als Meinungschef für ein breiteres Spektrum an Stimmen zu sorgen. Auch wenn Herausgeber A.G. Sulzberger beteuerte, dass mit Bennets Abgang kein politisches Signal verbunden sei - für jeden Journalisten in der Zeitung ist nun klar, dass er sich im Zweifel lieber nicht mit den Dogmatikern im eigenen Haus anlegen sollte.

Der Streit um die Zukunft des Journalismus ist zum Teil ein Generationenkonflikt, auch in Deutschland. Auf der einen Seite stehen viele Redakteure und Reporter jenseits der 40, die mit der Idee des Marktplatzes der Meinungen und der Überzeugung aufgewachsen sind, im offenen Streit werde sich das beste Argument durchsetzen. Und auf der anderen Seite eine Generation von jungen Redakteuren, die - zumindest zum Teil - den Glauben an das alte liberale

Axiom verloren haben, dass der Widerstreit der Meinungen Fortschritt bringt. Mit Konzepten wie »false balance« soll eine progressive Sichtweise durchgesetzt werden, die angeblich wissenschaftlich unterfüttert ist. Man muss der »New York Times« zugutehalten, dass sie den Streit um Cotton und Bennet im eigenen Blatt dokumentiert hat und auch kritische Stimmen zu Wort kommen ließ. Der konservative Kolumnist Stephens, den Bennet zur »Times« geholt hatte, schrieb, welch verheerendes Signal von dem Rauswurf seines Chefs ausgehe. »Seriöser Journalismus und der lebhafte Austausch von Ideen kann nicht in einer Atmosphäre gedeihen, in der schon das kleinste intellektuelle Wagnis und die geringste Abweichung von einer neuen Orthodoxie den beruflichen Ruin bedeuten.« Sein Kollege Ross Douthat wies auf den interessanten Umstand hin, dass der Newsroom der »New York Times« zwar immer diverser werde - gleichzeitig das Meinungsspektrum der Zeitung aber immer enger.[11]

Die »New York Times« setzt in vielen Bereichen nach wie vor Maßstäbe. Sie hat mit großer Akribie den Sturm auf das Kapitol am 6. Januar 2021 recherchiert, ihre Auslandsberichterstattung ist beeindruckend. Aber wenn sie sich in Fällen wie McNeil oder Bennet nicht mehr von Fakten und Argumenten leiten lässt, sondern von den Stimmungen einer lauten Minderheit im Newsroom (die in den sozialen Medien verstärkt werden), dann hat dies fatale Auswirkungen auf eine Branche, die ohnehin schon unter Druck steht. Die Glaubwürdigkeit von Journalismus lebt von Unabhängigkeit und kritischer Distanz - und zwar nicht nur zu Politikern und Parteien, sondern auch zu Trends und Dogmen, die in die Gesellschaft vordringen. Trump hat Ressentiments angefeuert und sie für sich nutzbar gemacht. Das hat die »New York Times« in vielen Reportagen und Essays beschrieben. Aber wie glaubhaft ist das noch, wenn sich dasselbe Blatt von den Irrationalitäten einer linken Sekte treiben lässt – und damit selbst das beste Beispiel dafür liefert, dass »Cancel Culture« eben doch kein Schreckgespenst des rechten Amerikas ist?

Es gehört zu den großen Problemen unserer Zeit, dass Debatten immer mehr in digitalen Filterblasen stattfinden. Wer der Meinung ist, Deutschland stehe kurz vor der »Umvolkung« oder Bill Gates benutze Covid-Impfstoffe, um der Menschheit einen Chip einzupflanzen, kann sich täglich auf Facebook und Twitter in seinen Zwangsvorstellungen bestätigen lassen. Die große Chance und das Angebot seriöser Medien in Zeiten des Internets ist nicht nur, Fakten von Unfug zu trennen – sie können auch den Streit der Meinungen organisieren und so der Fragmentierung der Gesellschaft entgegenwirken. Dazu ist es allerdings notwendig, andere Meinungen auch auszuhalten. In den USA gibt es den gefährlichen Trend, dass sich vor allem konservative Stimmen aus den großen Medienhäusern verabschieden und sich als Einzelunternehmen auf Internet-Bezahlportalen wie Substack selbstständig machen. Der konservative Publizist und ehemalige »Atlantic«-Autor Andrew Sullivan ist dafür ein Beispiel, aber auch die Kolumnistin Bari Weiss, die nach der Präsidentschaftswahl im November 2016 auch deshalb zur »Times« geholt wurde, weil die Zeitung von dem Wahlsieg Trumps vollkommen überrascht worden war. Im Sommer 2020 verließ Weiss die »Times« mit großem

Aplomb. »Die Lektionen, die aus der Wahl hätten folgen müssen - anderen Amerikanern zuzuhören und Herdendenken zu widerstehen ... - wurden nicht befolgt«, schrieb Weiss. »Stattdessen hat sich ein neuer Konsens in der gesamten Presse, aber vielleicht vor allem in dieser Zeitung herausgebildet: dass die Wahrheit nicht mehr in einem kollektiven Prozess gefunden wird, sondern aus einer Orthodoxie besteht, die wenige Erleuchtete schon erblickt haben und deren Aufgabe es ist, sie allen anderen mitzuteilen.«

Man mag den Abgang von Weiss für einen gekonnten PR-Stunt halten (der er gewiss auch war), aber ihre Kritik an dem Meinungsklima in linksliberalen Medienhäusern ist nicht abwegig. »Warum etwas veröffentlichen, das die Leser herausfordert«, schreibt Weiss, »... wenn es uns doch den Job sicherer macht und für Clicks sorgt, den viertausendsten Leitartikel zu veröffentlichen, in dem steht, welch einzigartige Gefahr Donald Trump für das Land und die Welt darstellt?«[12]

Es ist eine Dynamik, die es so ähnlich auch in Deutschland gibt. Im Laufe des Wahljahres 2020 habe ich zusammen mit meinen Kollegen in den USA über ein halbes Dutzend Trump-Titel geschrieben. Wir nannten ihn einen Lügner und Demokratiefeind, wir zeigten ihn auf dem Titelbild, wie er mit einem Streichholz das Land anzündet und mit einer Schrotflinte das Weiße Haus verteidigt. Ich bin überzeugt davon, dass dies richtig war. Aber nie kam mir zu Ohren, dass meine Kollegen die Texte zu überspitzt fanden oder dass Trump eine differenziertere Betrachtung verdient habe.

Aber noch heute werde ich auf Twitter von Feministinnen für einen Artikel angegangen, den ich vor 15 Jahren geschrieben habe und der sich damit befasst, welche bürokratischen Blüten das so genannte »Gender Mainstreaming« treibt. Als ich ein paar Monate nach Erscheinen des Textes auf Bitten meiner damaligen Nachbarin - einer Berufsberaterin - an einer Berliner Universität auftrat, um mit Studenten darüber zu sprechen, wie der Einstieg in den Beruf des Journalisten gelingen könnte, musste sich meine Bekannte dafür rechtfertigen, einen Reaktionär wie mich eingeladen zu haben. Ich schreibe dies alles nicht, um zu klagen oder mich gar als Opfer einer »Cancel Culture« darzustellen. Nie hat einer meiner Chefredakteure auch nur mit der Wimper gezuckt, wenn ich Texte vorgeschlagen habe, die Kontroversen auslösen könnten. Aber wie alle Menschen werden auch Journalisten gerne gelobt, und im Zweifel ist die Anerkennung der Kollegen wichtiger als die eher diffuse Meinung der Leser.

Ich kenne kein treffenderes Klischee als das von Journalisten, die tendenziell eher links der Mitte stehen. Von meinen 30 Mitschülerinnen und Mitschülern auf der Journalistenschule in München hegte ein einziger Sympathien für die CDU. Eine Umfrage unter Volontären der ARD und des Deutschlandradios förderte Ende 2020 zutage, dass diese zu 57 Prozent Grün wählen, 23 Prozent neigen der Linkspartei zu. Weniger als fünf Prozent würden ihr Kreuz bei der CDU machen. Als die Umfrage für Aufsehen sorgte, hieß es gleich, diese sei mit Vorsicht zu genießen, schließlich hätten nur rund die Hälfte der 150 Volontärinnen und Volontäre die Frage nach der politischen Präferenz beantwortet.

Allerdings sagte der Mainzer Kommunikationswissen-
schaftler Gregor Daschmann dem NDR: »Dass die politische Orientierung der Journalisten in Deutschland nicht
der politischen Orientierung der Gesamtbevölkerung entspricht – das kennen wir schon seit vierzig Jahren.«[13] Laut
einer Studie aus dem Jahr 2005 neigen 35,5 Prozent der
deutschen Journalisten zu den Grünen, 26 Prozent zu den
Sozialdemokraten und nur 8,7 Prozent zur CDU.[14] In den
USA ist das Bild noch eindeutiger: Laut einer Untersuchung
waren im Jahr 1971 rund 26 Prozent der US-Journalisten Anhänger der Republikaner. Im Jahr 2013 – also lange vor dem
Aufstieg Trumps – waren es gerade noch 7,1 Prozent.[15]

Dass sich Journalisten eher der progressiven Sache verpflichtet fühlen, liegt wahrscheinlich in der Natur unseres Berufes. Wer nach Abitur und Studium einen Beruf an-
strebt, dessen Einkommensperspektiven eher begrenzt sind,
der muss Motivation jenseits des Materiellen finden. Man
mag finanziell zwar nicht mit den Freunden mithalten können, die in einer Anwaltskanzlei arbeiten oder als Manager
bei einem Pharmakonzern – dafür aber geht man mit dem
guten Gefühl ins Büro, seinen Beitrag im Kampf gegen Klimawandel und Rassismus zu leisten.

Dieses Phänomen wird noch durch einen Aktivismus
verstärkt, der aus den Universitäten in den Journalismus
schwappt. Nach dem Mord an George Floyd schrieb der
schwarze Pulitzer-Preisträger Wesley Lowery, journalistische Objektivität sei ein Konzept, das nicht mehr in die Zeit
passe. An dessen Stelle müsse »Moral Clarity« treten, eine
eindeutige Haltung. Wahrscheinlich war Lowery gar nicht
bewusst, dass »Moral Clarity« über Jahrzehnte ein Begriff

der amerikanischen Rechten war, die damit Linke unter Beschuss nahm, die beim Kampf gegen den Kommunismus oder den islamischen Terrorismus die geforderte Entschiedenheit vermissen ließen. Aber es zeigt, wie austauschbar Begriffe werden, wenn im Journalismus das Prinzip der Parteilichkeit zur Tugend erhoben wird.[16]

Was Lowery für die USA forderte, hat der »Stern« in Deutschland geradezu vorbildlich umgesetzt. Im September 2020 veröffentlichte das Magazin eine Titelgeschichte über den Klimawandel mit der Zeile »#KeinGradWeiter«, die in Zusammenarbeit mit der Lobbygruppe »Fridays for Future« entstanden war. Im Editorial schrieben die Chefredakteure des Magazins: »Was die Klimakrise angeht, ist der *stern* nicht länger neutral.«[17] Nun wäre es heuchlerisch, so zu tun, als hätten der »Stern« und auch der SPIEGEL immer neutral berichtet und sich nie in die politische Schlacht gestürzt. Beide stützten Willy Brandts Ostpolitik, der »Stern« setzte sich für die Freigabe der Abtreibung ein, der SPIEGEL machte schon gegen Helmut Kohl Stimmung, als dieser noch gar nicht im Kanzleramt saß. Aber es ist das eine, sich für eine politische Sache einzusetzen - und das andere, sich von einer politischen Lobbyorganisation den Griffel führen zu lassen, zumal von einer so zweifelhaften wie »Fridays for Future«. Als »Fridays for Future«-Aktivisten im Herbst 2021 vor dem Willy-Brandt-Haus gegen die Pläne der künftigen Ampel-Koalition demonstrierten, versahen sie im Netz ein Bild von den Protesten mit der Zeile »Wer hat uns verraten ...« - eine Anspielung auf einen Schmähspruch von Kommunisten und Nazis gegen die Sozialdemokraten der Weimarer Republik. Nun muss man sicher nicht jedes Wort einer Aktivistengruppe auf die Goldwaage legen. Die Frage ist nur, ob es etablierten Medien guttut, im Kampf um Aufmerksamkeit alle journalistischen Standards über Bord zu werfen.

In den USA war der Niedergang der politischen Kultur eng mit der Aufgabe journalistischer Prinzipien verknüpft. Es begann im rechten Spektrum: Mit Krawallköpfen wie dem Radiomoderator Rush Limbaugh, der radikale Parteilichkeit mit einem losen Verhältnis zu den Fakten verband und sich damit ein Millionenpublikum erschloss. Es setzte sich fort mit Rupert Murdoch, der mit seinem diabolischen Genie erkannte, dass es in den USA eine Marktnische für einen rechten, populistischen Fernsehsender wie Fox News gibt.

Doch das Prinzip der unbedingten Einseitigkeit erfasste bald weite Teile der Medienlandschaft und erreichte ihren Höhepunkt während der Trump-Jahre. Wer in dieser Zeit zwischen Fox und den eher linken Kanälen CNN und MSNBC hin- und herschaltete, der glaubte, die Sender berichteten aus zwei verschiedenen Universen. Man muss CNN und MSNBC zugutehalten, dass sie sich - im Gegensatz zu Fox - wenigstens um eine solide Faktenbasis in ihrer Berichterstattung bemühten. Aber ihr Geschäftsmodell unterschied sich nicht mehr grundsätzlich von dem der rechten Konkurrenz. Es beruhte darauf, eine politisch überzeugte Gemeinde in ihren Ansichten zu bestärken - und so gesehen ist Rachel Maddow auf MSNBC, die Heldin des linken Amerika, das passende Pendant zu Tucker Carlson, der jeden Abend mit schreckstarren Augen über den neuesten Irrsinn aus dem »woken« Amerika berichtet.

Parteilichkeit führt im Journalismus unweigerlich zu Fehlleistungen. Es war der republikanische Senator Cotton, der als einer der ersten auf die Möglichkeit hinwies, dass das Corona-Virus durch einen Unfall in einem chinesischen Labor in die Welt gekommen sein könnte. Die Äußerung wurde lange von seriösen Medien wie der »Washington Post« als absurdes politisches Ablenkungsmanöver abgetan – bis Präsident Joe Biden die amerikanischen Geheimdienste dazu anwies, die so genannte »Lab Leak«-Theorie zu prüfen.

Wie wollen etablierte Medien echte Debatten organisieren, wenn sie sich dazu entscheiden, der Filterblasenlogik des Netzes zu folgen? Nichts sei in diesen Zeiten so wichtig wie Diversität, heißt es in allen Diskussionsrunden, in denen es um die Zukunft der Medien geht. Aber was nur selten unter die Rubrik Diversität fällt, ist ein Meinungsspektrum, das auch nur annähernd das der Leser reflektiert.

Ein eindrückliches Beispiel für die Selbstabschottung des Medienbetriebes ist ein Brief, den ein Schüler der 58. Lehrredaktion der Deutschen Journalistenschule (DJS) in einem Mediendienst veröffentlichte. Die DJS gehört – neben der Henri-Nannen-Schule in Hamburg – zu den wichtigsten Ausbildungsstätten für Medienleute in Deutschland. Auch ich habe in den Neunzigerjahren dort meine Ausbildung absolviert. Der Artikel brachte den Unmut darüber zum Ausdruck, dass sich ältere Journalisten immer noch weigern, eine »gendergerechte Sprache« zu benutzen. Das Interessante an dem Artikel war nicht die Forderung an sich – sondern die darin ausgedrückte Gewissheit, dass eine andere Meinung gar nicht mehr denkbar sei. Der Text ist im Duktus eines ungeduldigen Enkels geschrieben, der es mit seinen starrsinnigen Großeltern noch ein letztes Mal im Guten versucht: »Überlegt Euch einmal wirklich, wieso Ihr gegen das Gendern seid. Habt Ihr Euch genügend mit dem Thema beschäftigt? Wenn ja, überzeugen Euch die Argumente nicht oder reagiert Ihr aus Trotz? Vielleicht werden einige von Euch nach dieser Kolumne noch einmal überdenken, wieso sie glauben, gendergerechte Sprache bekämpfen zu müssen. Wenn nicht, wäre das natürlich schade, aber auch nicht schlimm. Denn meistens seid Ihr Boomer*innen alt und geht irgendwann in Rente. Nach und nach wird eine andere Generation in die Redaktionen kommen, und mehr Menschen werden sich für gendergerechte Sprache einsetzen. Euch steht es dann frei, wütende Briefe in generischem Maskulinum an die Redaktion zu schreiben. Interessieren wird es dann keinen mehr.«[18]

Wenn man den Brief liest, kann man den Eindruck bekommen, als sei die Weigerung, das Binnen-I zu verwenden oder den Glottisschlag zu sprechen, eine Position, die nur noch von ein paar verstockten Redakteuren auf dem Weg in die Altersteilzeit verteidigt wird. Umfragen belegen das Gegenteil: Laut einer Erhebung von Infratest aus dem Mai 2021 lehnen 65 Prozent der Deutschen diese Form der »gendergerechten Sprache« ab. Auch unter den jüngeren Deutschen gibt es dafür keine Mehrheit.[19]

Es ist das Recht eines Kommentators, für eine Minderheitenposition zu kämpfen. Nur gehört zum Journalismus, die Realität erst einmal zur Kenntnis zu nehmen. Wie will man seine Leser von massiven Eingriffen in die Sprache überzeugen, wenn man der Meinung ist, jede Gegenrede sei Ausdruck einer reaktionären Weltsicht, die sich selbst disqualifiziert?

In manchen amerikanischen Medienhäusern gibt es inzwischen einen Hang zur Radikalisierung, den man sonst nur von Sekten kennt. Selbst kleinste Verfehlungen werden mit maximaler Härte geahndet. Alexi McCammond zum Beispiel hatte auf den ersten Blick einen tadellosen Lebenslauf. Sie studierte mit einem Stipendium für Kinder aus wenig begüterten Elternhäusern, schrieb für die »Cosmopolitan« und heuerte dann bei dem Nachrichtenportal »Axios« an, für das sie über die Präsidentschaftswahl 2020 berichtete. Ein Jahr zuvor war sie vom Verband schwarzer US-Journalisten zum Newcomer-Talent des Jahres gekürt worden.

Das Unglück begann für die junge Frau, als der Condé-Nast-Verlag im Frühjahr 2021 ankündigte, sie als Chefredakteurin der »Teen Vogue« zu engagieren. Die Verlagsbosse wussten zu jenem Zeitpunkt schon, dass sich McCammond im Alter von 17 Jahren in Tweets abfällig über Asiatinnen und Homosexuelle geäußert hatte. Bereits 2019 hatte sich McCammond für die acht Jahre alten Tweets entschuldigt und diese gelöscht. Die Sache schien als Jugendsünde erledigt.

Kaum aber machte die »Teen Vogue«-Personalie die Runde, tauchten Screenshots der uralten Tweets wieder auf, und die künftigen Kollegen von McCammond begannen, gegen die designierte Chefin Stimmung zu machen. Die »Teen Vogue« ist zwar vor allem für ihre Schminktipps bekannt (»This New Eyebrow Gel Is Taking Over TikTok«). In ihrer Selbstwahrnehmung aber ist die Redaktion keine Klickmaschine für Teenager, sondern die Avantgarde im Kampf gegen die finsteren Mächte des Patriarchats. Auf Twitter setzten die Mitarbeiter der »Teen Vogue« einen Text ab, und es lohnt, diesen in seiner Gänze abzudrucken:

»Wir, die mehr als 20 Redakteure von ›Teen Vogue‹, haben den Ruf unseres Magazins als Stimme der Gerechtigkeit und des Wandels aufgebaut. Wir sind enorm stolz darauf, dass wir mit unserer Arbeit eine Atmosphäre der Inklusion geschaffen haben. Deshalb haben wir einen Brief an das Management von Condé Nast geschrieben, in dem es um die Berufung von Alexi McCammond als unsere neue Chefredakteurin geht, die von ihren vergangenen rassistischen und homophoben Tweets überschattet wird. Wir hören die Sorgen unserer Leser, und wir stehen auf ihrer Seite. In einem Moment eines historischen Höchststands antiasiatischer Gewalt und mitten in dem anhaltenden Kampf der LGBTQ-Community weisen wir als Redakteure der ›Teen Vogue‹ diese Ressentiments entschieden zurück. Wir sind zuversichtlich, dass eine interne Debatte Früchte tragen wird und die Integrität schützt, die uns von den Lesern zuerkannt wird.«

Es ist schwer zu sagen, was an dem Text grotesker ist: Der heilige Ernst, mit dem die Verfasser über den Tweet eines Teenagers urteilen. Oder die Feigheit, mit dem sich die Redakteure hinter einer angeblichen Meinung ihrer Leser verstecken. Sicher aber ist, dass er seine Wirkung nicht verfehlte.

McCammond versuchte, ihre Karriere durch eine maximale Selbstgeißelung zu retten. Nichts ist in einer solchen Situation tödlicher als der Vorwurf, sich mit einer »Nopology« aus der Affäre ziehen zu wollen. McCammond war offenbar klar, dass sich ihre Kritiker keinesfalls mit dem Verweis auf eine Jugendsünde besänftigen lassen würden. Als sie sich 2019 für ihre Tweets entschuldigt hatte, nannte sie diese »zutiefst unsensibel« - was ihr den Vorwurf eingetragen hatte, ihren eigenen Rassismus zu verharmlosen.

Nun erklärte McCammond: »Ich habe mich für meine rassistischen und homophoben Tweets entschuldigt und beteuere noch einmal, dass es keine Rechtfertigung dafür gibt, diesen schrecklichen Stereotypen Nahrung zu geben.« In einer Mail an die Redaktion der »Teen Vogue« schrieb sie laut einem Bericht des Onlineportals »The Daily Beast«, es gebe keine Entschuldigung für die Sprache, die sie benutzt habe: »Ich bin entschlossen, die Lektionen, die ich als Journalistin gelernt habe, dafür zu verwenden, um mich für eine diversere und gerechtere Welt einzusetzen.« Es half alles nichts. McCammonds Schicksal war besiegelt, als sich zu der Empörung der »Teen Vogue«-Redakteure auch noch die Bedenken zweier Kosmetikfirmen gesellten, die wegen der Schlagzeilen um die Personalie erst einmal ihre Anzeigen stornierten.[20]

Man mag den Aufruhr bei der »Teen Vogue« für eine Posse halten, aber sie offenbart viele Fehlentwicklungen in den liberalen Medien der USA: Die Maßlosigkeit im Urteil auch über längst vergangene Verfehlungen; die Ablösung des Arguments durch Empörung; die Feedbackschleifen auf Twitter, die mit der Meinung der »Leser« verwechselt werden. Schließlich ein Aktivismus in den Redaktionen, der die Chefetage unter Druck setzt.

So gesehen liegt der Fall McCammond gar nicht so weit entfernt von den Dramen, die sich bei der »New York Times« abspielten. Der Wissenschaftsredakteur McNeil wurde von dem damaligen »Times«-Chefredakteur Baquet nicht allein deshalb aus dem Haus gedrängt, weil er einen Fehler gemacht und das »N-Wort« benutzt hatte. Vielmehr habe ihm Baquet erklärt, er sei nicht mehr haltbar, weil er den »Newsroom verloren« habe, schrieb McNeil. Mit anderen Worten: Der Chefredakteur exekutierte einen Rauswurf, den der Bauch seiner Redaktion verlangte. McNeil antwortete darauf nicht ganz zu Unrecht: »Seit wann dürfen wir uns denn aussuchen, mit wem wir arbeiten?«

»Eine Menge Leute denkt, Dean habe sich dem Mob gebeugt«, sagte mir ein »Times«-Mann, der sich wie fast alle seine Kollegen nicht mit Namen zitieren lassen will. Baquet ließ eine Gesprächsanfrage unbeantwortet.

Wenn man so will, wird die »New York Times« von einem Konflikt erschüttert, der das Land zerreißt. Trump hat mit seinen Lügen und seiner Rhetorik die Nation polarisiert, aber es gibt auch einen Dogmatismus von links, der es schwer macht, dass das Land wieder zusammenfindet. Es gibt Anzeichen dafür, dass die neue Führung der »Times« dieses Problem erkannt hat. Im Juni 2022 übernahm Joe Kahn das Blatt als neuer Chefredakteur, und in einem seiner ersten Interviews äußerte er den Wunsch, dass seine Leute weniger Zeit auf Twitter verbringen, weil dies die ungute Folge habe, dass sie die Kommentare dort mit der Meinung der Öffentlichkeit verwechselten.[21]

Die Frage ist nur, inwieweit der Appell fruchtet. Was ihn am meisten irritiere, sei der mangelnde Führungswille bei der »Times«, sagte mir der Politikwissenschaftler Mounk nach dem Rauswurf von Donald McNeil. »McNeil wurde nicht gefeuert, weil die Leser das wollten, sondern weil 150 von weit über 1000 Mitarbeitern der Zeitung das gefordert haben.« Im Frühjahr 2020 machte eine interne Umfrage die Runde, wonach angeblich fast die Hälfte der »Times«-Redakteure das Gefühl haben, sich im Haus nicht mehr offen äußern zu können. »Als reger Leser der Zeitung frage ich mich da«, so Mounk: »Wie kann ich noch ihren Artikeln vertrauen, wenn die Journalisten schon unter sich eingestehen, dass sie nicht mehr ihre eigene Meinung aussprechen können?«

7 DAVID SHOR ODER: WIE SICH DAS LINKE LAGER VON DER REALITÄT ABSCHOTTET

Am 28. Mai 2020 um 15.29 Uhr setzte David Shor den wohl verhängnisvollsten Tweet seines Lebens ab. Es waren Sätze, von denen man nicht unmittelbar denken sollte, dass sie eine Karriere beenden können. Sie lauteten:

»Rassenunruhen nach dem Mord an Martin Luther King Jr. reduzierten den Anteil der demokratischen Stimmen in den umliegenden Countys um zwei Prozent, was genügte, die Präsidentschaftswahl im Jahr 1968 zugunsten von Nixon kippen zu lassen. Gewaltfreie Proteste erhöhen die Zahl der Stimmen für die Demokraten - vor allem deshalb, weil sie für einen freundlichen Elitendiskurs und eine freundliche Medienberichterstattung sorgen.«[1]

Der eher sperrige Text war eine Zusammenfassung einer Studie des schwarzen Princeton-Dozenten Omar Wasow. In ihr weist Wasow eindrücklich nach, wie sehr den Demokraten die gewalttätigen Ausschreitungen schadeten, die nach dem Mord an Martin Luther King Jr. im

April 1968 in den USA ausgebrochen waren. Die Gewalt bestimmte die Schlagzeilen und die politische Debatte im Wahljahr 1968 und gab dadurch dem republikanischen Präsidentschaftskandidaten Richard Nixon die Möglichkeit, sich als »Law and Order«-Mann zu präsentieren. Ohne die Proteste, so Wasow, hätte Nixons demokratischer Konkurrent Hubert Humphrey fünf zusätzliche Bundesstaaten gewonnen: Delaware, Illinois, Missouri, New Jersey und Ohio. Dies hätte gereicht, um den Demokraten ins Weiße Haus zu tragen. Es kam anders, wie man heute weiß.[2]

Für einen Mann wie Shor, der sein ganzes Berufsleben damit verbracht hatte, den Demokraten zum Sieg zu verhelfen, lag es nahe, nach dem gewaltsamen Tod George Floyds durch einen weißen Polizisten im Mai 2020 auf die Arbeit von Wasow hinzuweisen. Denn danach gab es in zahlreichen amerikanischen Innenstädten gewalttätige Demonstrationen. »Was als friedlicher Protest für George Floyd begann, hat sich zur nackten Plünderei und zu heimischem Terrorismus in unserer Region entwickelt«, erklärte Jacob Frey, der Bürgermeister von Minneapolis, der Stadt von George Floyd. Die Gewalt sprang auch auf Großstädte wie Atlanta und New York über, was wiederum Trump die Gelegenheit gab, sich – wie Nixon im Jahr 1968 – als Hüter von Recht und Ordnung zu präsentieren.

Shor setzte seinen Tweet drei Tage nach dem Tod Floyds ab, auf dem Höhepunkt der Protestwelle. Er war zu jenem Zeitpunkt erst Ende 20, aber schon ein Veteran in amerikanischen Wahlkampfschlachten. Im Jahr 2012 hatte Shor dem Demokraten Barack Obama bei seiner Wiederwahl-Kampagne geholfen. Danach heuerte er bei der linken Beratungsfirma Civis Analytics an. Das Spezialgebiet des Mathematikers ist die Tiefenanalyse von Umfrage-Rohdaten. Wenn man Shor in einem Café in New York trifft, spult er aus dem Kopf heraus alle Daten ab, die erklären, warum Obama zweimal die Präsidentschaftswahl gewonnen hat.

Doch all das zählte nicht mehr, als Aktivisten Shors Tweet als Angriff auf die »Black Lives Matter«-Bewegung missverstehen wollten. »Schwarze Wut und Trauer auf die Frage der ›schlechten Wahltaktik der Demokraten‹ zu reduzieren, ist immer Bullshit, aber in dieser Woche ist es eine besondere Grausamkeit«, twitterte Ari Trujillo-Wesler, eine schwarze Politikberaterin. Shor erklärte daraufhin geduldig, dass es ihm nur darum gegangen sei, wissenschaftliche Fakten darzulegen. Trujillo-Wesler erwiderte: »Glaubst du, ich habe das Papier nicht gelesen und wüsste nicht, worüber ich rede, als ich deine Gefühllosigkeit angeprangert habe? Ich denke, Omar (Wasows) Papier ist schlampig und enttäuschend, aber das ist hier nicht der Punkt. Du musst damit aufhören, deine Ängstlichkeit und deinen ›Intellekt‹ als Vehikel für antischwarze Ressentiments zu benutzen.« Dann teilte sie den Tweet noch mit Shors Chef und schrieb dazu: »Schnappt euch euren Jungen.« Kurz darauf war Shor seinen Job los. Civis Analytics reagierte nicht auf eine Anfrage, warum Shor gehen musste.[3]

Der Fall zeigt wie unter einem Brennglas, wie die Logik der choreografierten Empörung im Netz funktioniert. Shors Kritiker gaben sich an keiner Stelle die Mühe, auf seine Argumentation einzugehen. Stattdessen beklagten sie, es sei grausam, rassistisch und gefühllos, schwarzen Protest unter dem Aspekt zu betrachten, wie er sich im Wahlkampf auswirken könnte. Das ist gleich aus mehreren Gründen absurd: Denn natürlich ist es die Aufgabe eines politischen Strategen, darüber nachzudenken, wie eine aktuelle Entwicklung sich auf das Rennen um das Weiße Haus auswirken könnte. Shors Kritiker verlangten, dass die »Black Lives Matter«-Bewegung unter keinen Umständen kritisiert werden darf, weil sie die Stimme einer unterdrückten Minderheit ist.

Das ist irrwitzig in einer Situation, in der sich der rassistischste Präsident der jüngeren amerikanischen Geschichte um die Wiederwahl bemüht. Was kann es in seiner solchen Situation Wichtigeres geben, als alle Kräfte darauf zu konzentrieren, dies zu verhindern? Aber im Falle von Shor zog dieses Argument nicht. Sein Arbeitgeber unterwarf sich offenkundig lieber der Wut im Netz, als einen Mitarbeiter zu verteidigen, der nichts anderes getan hatte, als seinen Job zu tun. Shor musste gehen, weil er sich einen professionellen Blick auf die Politik bewahrt hatte. Sein Fall offenbart aber auch, wie sehr sich das linke Lager selbst schadet, wenn es sich von der Realität abschottet.

Wenn man Shor trifft, wird schnell klar, warum er in einem bestimmten Milieu aneckt. Er darf über die Vorkommnisse aus dem Sommer 2020 nicht reden, weil er mit seinem ehemaligen Arbeitgeber ein Verschwiegenheitsabkommen unterzeichnet hat. Aber niemand hindert ihn daran, darüber nachzudenken, warum ein Mann wie Trump es ins Weiße Haus schaffen konnte - und weshalb die Demokraten immer noch die falschen Schlüsse daraus ziehen.

Shor hat einen eher düsteren Blick auf die Zukunft seiner Partei. Die vielleicht größte Gefahr sei, dass sie sich in falscher Sicherheit wiege, glaubt Shor. Joe Biden habe bei der Präsidentschaftswahl 51,3 Prozent der Stimmen erhalten. »Wären es 51 Prozent gewesen, hätte er die Wahl verloren.« Auf dem Papier ließe sich leicht die Illusion erzeugen, Biden habe einen überragenden Sieg eingefahren: Über 81 Millionen Stimmen, so viel wie noch kein anderer Präsident vor ihm! Sieben Millionen Stimmen mehr als Trump! 306 Wahlmännerstimmen! »Aber in einer ganzen Reihe von Staaten - Georgia, Wisconsin, Arizona und Pennsylvania - hat Biden nur mit einer hauchdünnen Mehrheit gewonnen«, sagt Shor. Das mache es sehr plausibel, dass Trump die Wahl möglicherweise für sich entschieden hätte, wäre zum Beispiel der Corona-Impfstoff zwei Wochen früher zugelassen worden.

Aus Shors Sicht beruht die Schwäche der Demokraten aus vier großen Missverständnissen. Das erste sei, dass Teile der Partei glaubten, ganz Amerika sei so links wie Washington DC oder New York oder Los Angeles. Dies sei ein großer Irrtum: Ungefähr 40 Prozent der Amerikaner sagten von sich, sie seien konservativ; 40 Prozent schätzten sich als moderat ein und nur 20 Prozent als links. »Wenn wir uns nun dazu entscheiden sollten, den Demokraten ein Image zu geben, dass nur einer kleinen Minderheit entspricht, dann ist das zum Scheitern verurteilt«, sagt Shor.

Das zweite Missverständnis sei, dass die Demokraten im Jahr 2020 die Präsidentschaftswahl gewonnen hätten, weil die Amerikaner die Werte der Partei teilten. »Das ist vollkommen falsch. Der einzige Grund, warum die Amerikaner in der Vergangenheit Mitte-Links gewählt haben, war, weil wir versprochen haben, das Leben der Menschen materiell zu verbessern«, sagt Shor. »Die Leute vertrauen den Demokraten, wenn es um die Krankenversicherung geht. Sie vertrauen ihnen, wenn es um Bildung und Umwelt geht. Aber sie vertrauen den Republikanern in Sachen Migration, Militär und Verbrechensbekämpfung. Hier liegen unsere Schwachpunkte. Und wenn wir damit anfangen, darüber zu reden, Polizeistationen aufzulösen oder illegale Grenzübertritte zu entkriminalisieren oder gar davon, der Mittelklasse extreme Steuererhöhungen aufzuerlegen, dann geben wir den Republikanern die Chance, die nächsten Wahlen zu gewinnen und die Demokratie zu zerstören.«

Das dritte große Missverständnis sei, dass Trump 2016 den Sieg davongetragen habe, weil dieser ein besonderes politisches Charisma besitze. Auch das sei falsch. Trump habe triumphiert, sagt Shor, weil er mit einem enorm populären politischen Rezept angetreten sei: eine harte Haltung gegen Einwanderung bei gleichzeitigem Nein zu Einschnitten ins Sozialsystem. »Sehr viele Menschen in den USA teilen diese Haltung«, sagt Shor. »Aber so wie unser Parteiensystem gestrickt ist, gibt es sehr wenige Leute im politischen Establishment, die eine solche Position vertreten. Trump hatte das politische Gespür zu sagen: ›Das ist mir egal. Ich sage einfach, was populär ist.‹ Eine Menge Leute dachten, es würde einen politischen Preis haben, sich als Nationalist zu präsentieren und rassistische Dinge zu sagen - gerade bei nichtweißen Wählern.« Aber die Wahlergebnisse sprächen eine andere Sprache.

Das vierte Missverständnis sei, dass Trump den Demokraten nichtweiße Wähler in die Arme treibe. Nichts sei weiter von der Realität entfernt, so Shor. Trump habe im

November 2020 bei Latinos und Schwarzen sogar noch stärker abgeschnitten als 2016. Über viele Jahre hätten die Demokraten schwarze und hispanische Wähler an sich binden können, selbst wenn diese konservative Ansichten vertreten hätten. Diese Zeiten seien vorbei. Nun würden konservative nichtweiße Wähler vermehrt ihr Kreuz bei den Republikanern machen, weil sie deren politische Ziele teilten: Nein zu mehr Einwanderung plus Law and Order. Für seine Partei bedeute dies eine existenzielle Bedrohung, sagt Shor: »Die Republikaner schaffen es, ein multiethnisches Bündnis von Wählern aus der Arbeiterklasse zu schmieden, von dem die Linke immer geträumt hat.«

Man muss die Analyse und vor allem die Schlussfolgerungen von Shor nicht teilen. Politik ist mehr als Demoskopie, und natürlich darf gerade der linke Flügel der Demokraten auch für Positionen kämpfen, die nicht populär sind: Für offene Grenzen und für höhere Steuern. Er kann dafür plädieren, der US-Polizei die Mittel zu kürzen, wie es Teile der »Black Lives Matter«-Bewegung mit dem Slogan »Defund the police« tun.

Gefährlich wird es, wenn Stimmen wie die von Shor systematisch mundtot gemacht werden. Denn die Folge ist, dass linke Parteien nicht mehr zu einem kritischen Dialog mit sich selbst fähig sind. Wenn Leute wie Shor um ihren Job bangen müssen und lieber schweigen, als unbequeme Wahrheiten auszusprechen, dann ersetzen Glaubenssätze die nüchterne Analyse. Der Profiteur wäre eine republikanische Partei, die in ihrer derzeitigen Verfassung wenig Skrupel hätte, die Demokratie abzuschaffen.

Shor steht mit seinen Thesen keineswegs allein da. Der

»New York Times«-Kolumnist Thomas B. Edsall hat in einem Essay herausgearbeitet, dass die meisten progressiven Herzensanliegen in den USA bestenfalls Minderheitenthemen sind. Eine Erhebung aus dem Jahr 2019 ergab, dass 59 Prozent der Amerikaner der Meinung sind, dass es nur zwei Geschlechter gibt – also keineswegs die Auffassung vertreten, die Kategorie Mann und Frau sei fluide. Nur eine Minderheit der US-Bürger findet den Vorschlag richtig, Polizeigewalt gegen Minderheiten dadurch zu bekämpfen, dass man den Sicherheitskräften die Mittel streicht. Die Liste ließe sich fortsetzen. Das ist politisch insofern interessant, als die demokratische Partei in den vergangenen Jahren zweifellos nach links gerückt ist. Sie stellt zwar mit Biden einen moderaten Präsidenten; aber im Kongress ist der Einfluss des linken Flügels eher gewachsen.[4]

Die New Yorker Kongressabgeordnete Alexandria Ocasio-Cortez ist eine der prominentesten Stimmen im Repräsentantenhaus; insgesamt stellt dort der progressive Flügel knapp 100 der 220 demokratischen Abgeordneten. Im Senat ist der bekennende Sozialist Bernie Sanders zum Vorsitzenden des einflussreichen Haushaltsausschusses aufgerückt. Das alles gibt den Republikanern die Möglichkeit, die Demokraten als eine Truppe von radikalen Ideologen zu karikieren, die das Land mit Steuererhöhungen und Unisex-Toiletten überziehen wollen und jeden mundtot machen, der dagegen aufbegehrt. Das hat zwar nur sehr begrenzt etwas mit der Realität zu tun – aber weil der linke Flügel so lautstark ist und in den Medien ein so großes Echo findet, zeigt die Attacke Wirkung.

»Wokeness« sei für die Demokraten absolut tödlich,

sagte der New Yorker Sozialpsychologe Jonathan Haidt der »Times«. »Die meisten Leute hassen es, nur progressive Aktivisten nicht. Wenn man auf die politischen Präferenzen der Amerikaner schaut, müssten die Demokraten mit komfortablen Mehrheiten gewinnen.« Aber Sprüche wie »Defund the police« oder symbolische Streitereien um Schulnamen würden es den Republikanern einfach machen, erfolgreiche Kampagnen gegen die Demokraten zu führen.

Ist Shor ein Fall von »Cancel Culture«, wie viele behaupten? Ich halte es für wenig sinnvoll, den Begriff zu verwenden. Die Republikaner haben aus ihm eine Waffe geformt, die sie bei jeder passenden und unpassenden Gelegenheit verwenden. Viele Anhänger Trumps sehen es schon als Ausdruck von »Cancel Culture« an, dass ihr Idol nach der verlorenen Wahl das Weiße Haus räumen musste. So gesehen ist der »Cancel Culture«-Vorwurf oft nur der Versuch, jede berechtigte Kritik abzuschmettern. Und im Falle von Shor lässt sich argumentieren, dass er schon deshalb kein Opfer von »Cancel Culture« ist, weil er schnell einen neuen Job fand und wieder ein gefragter Berater ist, selbst im Weißen Haus.

Aber es wäre zu einfach, »Cancel Culture« als rechten Popanz abzutun. Der Fall Shor zeigt exemplarisch, wie es durch die moralische Aufladung eines Konflikts gelingt, einen Mann um den Job zu bringen, der nach allen objektiven Kriterien keinen Fehler begangen hat. Deswegen geht der häufig angeführte Einwand, »Cancel Culture« sei immer nur eine bösartige Beschreibung eines legitimen Diskurses, an der Realität vorbei. Im Fall von Shor ging es gerade darum, keine Debatte zu führen und ihn mit dem Argument zu erledigen, sein Tweet sei grausam und stecke voller Ressentiments gegen schwarze Amerikaner. Der Vorwurf war lächerlich. Aber weil es im Netz häufig nicht auf die Güte des Arguments ankommt, sondern auf das Ausmaß der Erregung, zog es Shors Arbeitgeber offenbar vor, sich der Empörung zu beugen. »Cancel Culture« ist so gesehen eine systematisch angefachte moralische Entrüstung, die an Erkenntnis kein Interesse hat und die erst dann abebbt, wenn das Objekt der Wut seinen Job oder seine herausgehobene Sprecherposition verloren hat.

Es ist die Willkürlichkeit des Zorns, die vielen Amerikanern Angst einjagt - und zwar auch in Berufen, die nichts mit Politik zu tun haben. Ein früher Fall ist der von Brendan Eich: Der Chef des Software-Unternehmens Mozilla trat nach nur elf Tagen im Amt von seinem Posten zurück. Eich war in den sozialen Medien unter Beschuss geraten, weil er sechs Jahre vor seiner Berufung 1000 Dollar an eine Kampagne gespendet hatte, die sich gegen die gleichgeschlechtliche Ehe in Kalifornien einsetzte. Eich bestand zunächst darauf, dass seine politischen Ansichten Privatsache seien. Aber das feuerte den Zorn im Netz nur noch mehr an. Am 3. April 2014 erklärte Eich: »Unsere Mission ist größer als jeder Einzelne von uns, und unter den gegebenen Umständen kann ich kein guter Chef sein.«[5] Es war die Melodie der erzwungenen Einsicht, die man in den nächsten Jahren noch häufiger aus amerikanischen Unternehmen hören sollte.

8 WOKE CAPITALISM ODER: AUSBEUTUNG, ABER POLITISCH KORREKT

Amazon ist eines der erfolgreichsten Unternehmen der Welt. 33,36 Milliarden Dollar hat es im Coronajahr 2021 nach Steuern verdient, so viel wie nie zuvor. Firmengründer Jeff Bezos ist für seine radikale Kundenorientierung bekannt, und dazu gehört auch, dass diese beim Einkauf ein gutes Gefühl haben sollen. Amazon investiert jedes Jahr viel Geld, um sich ein progressives Image zu geben: Die Firma sponserte die queeren »PinkNews«-Awards, in seinem »diversity report« verkündet das Unternehmen Erfolgsmeldungen über den steigenden Anteil von Frauen, Schwarzen und Latinos im gehobenen Management.

Übergewichtige Amazon-Mitarbeiter haben ihre eigene Interessenvertretung, die »Body Positive Peers«. Wenn es größere Kontroversen um ein Buch gibt, das dem Ruf des Unternehmens schaden könnte, nimmt Amazon es aus dem Sortiment. Zuletzt traf es den konservativen Autor Ryan T. Anderson, der sich gegen Hormonbehandlungen von

Kindern ausgesprochen hatte, die den Wunsch haben, ihr Geschlecht zu verändern.

Auf den ersten Blick ist Amazon ein Unternehmen, das sich ganz dem Fortschritt verschrieben hat; es zahlt sogar einen durchschnittlichen Einstiegslohn von über 18 Dollar. Die Angestellten sollten nur nicht auf die Idee kommen, gemeinsam für bessere Arbeitsbedingungen zu kämpfen. Kaum ein anderes Unternehmen in den USA unterdrückt so brachial jede Initiative der Mitarbeiter, sich in Gewerkschaften zu organisieren. Als die US-Gewerkschaft RWDSU versuchte, in einem Amazon-Lagerhaus in Alabama Fuß zu fassen, startete das Unternehmen eine monatelange Abwehrschlacht. Auch Steuern zahlt Bezos nicht so gerne. Laut Recherchen amerikanischer Journalisten soll der heute zweitreichste Mann der Welt in den Jahren zwischen 2014 und 2018 mickerige 0,98 Prozent an den Fiskus abgeführt haben.[1]

»Woke capitalism« nannte der »New York Times«-Kolumnist Ross Douthat diese Melange aus öffentlichem Weltrettungspathos und kaltem Geschäftssinn. Es ist der Versuch von Konzernen, einer jungen, netzaffinen Generation zu signalisieren, dass man auf der richtigen Seite steht. Amazon ist nur eine von vielen Firmen, die einen robusten Umgang mit Mitarbeitern und äußerst effektive Steuersparmodelle hinter einer politisch korrekten Fassade verstecken. Wahrscheinlich war es in der mehr als 200-jährigen Geschichte des modernen Kapitalismus noch nie so einfach, ein progressives Selbstbild mit unnachsichtiger Gewinnmaximierung zu verbinden.[2]

Die Burgerkette McDonalds, die im Jahr 2019 einen

Rekordgewinn von sechs Milliarden Dollar erzielt hat, ist in den USA für ihre notorisch niedrigen Löhne bekannt, mit denen es fast unmöglich ist, eine Familie zu ernähren. Aber im Februar 2021 kündigte der neue Konzernchef Chris Kempczinski an, die Bezüge seiner Vorstandskollegen daran auszurichten, dass sie bis zum Jahr 2025 den Frauenanteil im oberen Management auf 45 Prozent erhöhen. Auf der Website des Unternehmens lachen fröhliche Menschen: Frauen und Männer, Schwarze und Weiße, Dicke und Dünne, darunter steht der Satz: »Bei uns sind Diversität, Gleichheit und Inklusion genauso Teil der Familie wie das Goldene M.«[3]

Tom Juravich macht sich keine Illusionen über die Motive der Unternehmen. Der Soziologe glaubt nicht daran, dass die Herzen der amerikanischen CEOs plötzlich links schlagen. Vielmehr hätten sie erkannt, dass eine neue Generation von Konsumenten mit starken politischen Überzeugungen heranwachse. Daran würden sich die Firmen orientieren und sich eine fortschrittliche Benutzeroberfläche geben. »Nur sind die politischen Bekenntnisse nicht viel tiefgründiger als das Furnier eines Möbelstücks von Ikea«, sagte mir Juravich, der an der University of Massachusetts in Amherst lehrt.

Über viele Jahre waren die politischen Lager in den USA klar zu unterscheiden: Während die Republikaner an der Seite der Wall Street und der Großkonzerne standen, kämpften die Gewerkschaften zusammen mit den Demokraten für die Interessen von Arbeitnehmern. Es war der demokratische Präsident Franklin D. Roosevelt, der den Gewerkschaften nach der Großen Depression mehr Macht verschaffte und den amerikanischen Sozialstaat aufbaute.

Als dann in den Dreißigerjahren ein Wirtschaftsboom einsetzte, stiegen nach und nach Millionen amerikanische Arbeiter in die Mittelschicht auf und konnten sich ein Auto und ein Haus in den Vororten leisten.

Diese Entwicklung endete Anfang der Achtzigerjahre. Der republikanische Präsident Ronald Reagan zerschlug den alten Sozialpakt und schmähte Gewerkschaften als sozialistische Kaderklüngel, die nur die Wachstumskräfte hemmten. Es war ein Geist, in dem auch der Demokrat Bill Clinton in den Neunzigerjahren regierte, und der Präsident trug mit Freihandelsabkommen auch noch dazu bei, amerikanische Arbeiter der Billigkonkurrenz in Asien und Lateinamerika auszuliefern.

Die Folgen waren für viele Wähler der Demokraten verheerend. Die Princeton-Ökonomen Anne Case und Angus Deaton haben ausgerechnet, dass zwischen 1979 und 2017 die Kaufkraft eines weißen Arbeiters mit mittlerem Einkommen um 13 Prozent gefallen ist, während das US-Volkseinkommen um 85 Prozent stieg. Die beiden Wissenschaftler haben ein Buch mit dem Titel »Tod aus Verzweiflung« geschrieben. Es liefert eine erschütternde Analyse über das Leid amerikanischer Arbeiter, deren Leben in den vergangenen Jahrzehnten in vieler Hinsicht schlechter geworden ist.

Sie zeigen, dass weiße Arbeiter, die zwischen 45 und 54 Jahre alt sind, heute drei Mal so häufig durch Selbstmord, Alkohol- oder Drogenmissbrauch sterben als noch Anfang der Neunzigerjahre. Während weiße Arbeiter und Akademiker, die im Jahr 1945 geboren wurden, kaum unterschiedliche Todesraten durch Alkohol, Drogen und Selbstmord aufweisen, gibt es beim Jahrgang 1970 dramatische Differenzen.[4]

Die Landstriche, die Case und Deaton beschreiben, fallen häufig mit jenen zusammen, in denen Donald Trump bei der Wahl im Jahr 2016 besonders stark abgeschnitten hat. Insofern dokumentiert der Befund der beiden Wissenschaftler auch das Versagen der Demokraten. Sie haben es in den vergangenen Jahrzehnten versäumt, sich um jene Menschen zu kümmern, die über viele Jahre ihre Kernwählerschaft bildeten. Was diese Menschen brauchen, ist eine bezahlbare Krankenversicherung, kostenfreie Kinderbetreuung und eine Regierung, die sich für einen Mindestlohn einsetzt, mit dem man eine Familie ernähren kann.

Doch die Demokraten wurden in den vergangenen Jahren mehr und mehr zu einer Partei, die ihr linkes Image dadurch pflegte, dass sie »weiße Privilegien« anprangerte und »strukturellen Rassismus« bekämpfte. Es war ein Programm, dass sich bestens mit den Geschäftsinteressen amerikanischer Konzerne vereinbaren ließ. Die ehemaligen Wähler der Demokraten – Arbeiter und kleine Ladenbesitzer in Steubenville, Ohio oder Wilkes-Barre, Pennsylvania, – waren allerdings weniger begeistert. Die Behauptung, sie seien privilegiert, klang in ihren Ohren wie ein schlechter Witz.

Ich bin im Sommer 2020 mehrfach nach Wilkes-Barre gefahren, weil Luzerne County, in dem die Stadt liegt, so etwas wie das Epizentrum der Trump-Revolution bildete.

Luzerne County war einst eine wohlhabende Gegend. In Wilkes-Barre siedelten sich im 19. Jahrhundert katholische Einwanderer aus Osteuropa an und schlugen Steinkohle aus der Erde. Später sorgte die Textilindustrie für sichere Arbeitsplätze. Doch mit deren Niedergang in den Siebzigerjahren kroch die Armut in die Stadt. Was blieb, waren verlassene Straßenzüge und schlecht bezahlte Jobs in Lagerhallen und Frittenbuden.

In Wilkes-Barre habe ich mit Donna Kowalczyk gesprochen, einer Friseurin, deren Haus an der South River Street liegt, die noch Anfang der Achtzigerjahre eine gute Adresse war. Doch mit der steigenden Arbeitslosigkeit verfiel der Wert der Immobilien. Gegenüber von Kowalczyks Salon zogen Dealer in ein leer stehendes Haus, so erzählte sie es. Kowalczyk war der Meinung, dass sich die demokratische Stadtverwaltung viel zu wenig um das Problem kümmert. Im Jahr 2016 wählte sie zum ersten Mal in ihrem Leben einen Republikaner: Donald Trump.

Auf Geschichten wie die von Donna Kowalczyk traf ich überall in Luzerne County. Dort kann man gut beobachten, wie die Demokraten ihre Basis verloren haben. Das County lag über Jahrzehnte fest in ihrer Hand. Aber im Jahr 2016 stimmte eine Mehrheit zum ersten Mal seit Langem für einen republikanischen Bewerber, und vier Jahre später konnte Trump sein Ergebnis praktisch halten.[5]

Die Ergebnisse in Luzerne County spiegeln den Wandel der Demokraten zur Partei eines akademisch gebildeten Publikums wider: »Smart America«, wie es der Autor George Packer nennt: Menschen, die an den Küsten oder in den Vororten von Städten wie Chicago, Houston oder Denver wohnen; Leute, die es schätzen, wenn sie auf »HBO« den neusten Blockbuster schauen können und ihnen ein »Amazon«-Fahrer für das Barbecue am Wochenende noch schnell das Grillgewürz vorbeibringt. Es sind Leute wie meine Nachbarn in Chevy Chase, die in Stanford Wirtschaftswissenschaften studiert haben oder Medizin an der Johns Hopkins University und die morgen auch in London, Tokio oder Sydney arbeiten könnten.[6]

An ihnen ist der Sturm der Globalisierung nicht nur vorbeigezogen; sie gehören zu den Gewinnern einer neuen Ökonomie, die Wissen belohnt und die Fähigkeit, sich anzupassen. Niemand repräsentiert »Smart America« besser als Barack Obama, der es als Kind einer alleinerziehenden Mutter auf die Harvard Law School geschafft hat und der im Januar 2009 zum ersten schwarzen Präsidenten der Vereinigten Staaten vereidigt wurde. Bei einem Townhall-Meeting in der Facebook-Zentrale in Palo Alto sagte der Präsident: »Mein Name ist Barack Obama, und ich bin der Typ, der Marc Zuckerberg dazu bringt, Anzug und Krawatte zu tragen.« Neben ihm saß ein selig lächelnder Facebook-Chef.

Die neue Ausrichtung der Demokraten ließ sich bestens in Einklang bringen mit den Interessen amerikanischer Konzerne wie Apple, Facebook oder Google. Die Demokraten machten keine echten Anstalten, die neuen Monopolisten mithilfe des Wettbewerbsrechts zu zerschlagen. Zugleich konnten die Konzerne die »Woke«-Bewegung mühelos in ihr Geschäftskonzept integrieren: Denn eine gendersensible Sprache in der Werbung und ein diverses Image sind deutlich kostengünstiger zu haben als faire Arbeitsbedingungen im Ausland oder der Mut, einem autoritären Regime die Stirn zu bieten.

Im Jahr 2018 unterwarf sich Apple ohne großes Murren der Forderung Pekings, die Schlüssel zu den Accounts chinesischer iCloud-Nutzer nicht länger in den USA abzuspeichern, sondern in China selbst - mit der Folge, dass die kommunistischen Machthaber deutlich leichter an die Daten von Regimekritikern herankommen.[7] Im Jahr 2015 dagegen hatte Apple-Chef Tim Cook lauthals protestiert, als die Republikaner im US-Bundesstaat Indiana ein Gesetz auf den Weg brachten, das es konservativen Gastwirten erlauben sollte, schwule und lesbische Paare abzuweisen, die bei ihnen Hochzeit feiern wollen. »Im Namen von Apple erhebe ich meine Stimme gegen diese neuen Gesetze«, schrieb Cook in einem empörten Gastkommentar für die »Washington Post«. »Sie verstoßen gegen die Prinzipien, auf denen dieses Land aufgebaut ist.«[8]

Das Herzogenauracher Unternehmen Adidas hat - wie die meisten Sportartikelkonzerne - seine Produktion in den vergangenen Jahrzehnten zum großen Teil nach Asien und Lateinamerika verlagert, und die wiederkehrenden Berichte über miese Bezahlung von Näherinnen konnten das Image des Konzerns nie ernsthaft ankratzen. Doch als im Jahr 2020 ein Aufruhr in den sozialen Medien losbrach, weil die schwarze Junior-Designerin Julia Bond über ein angeblich rassistisches Klima in der US-Konzernzentrale in Portland geklagt hatte, versprach die Firma, 120 Millionen Dollar zur Förderung von schwarzen US-Bürgern zu spenden. Die Firma bezahlte die junge Frau weiter, obwohl sie nicht mehr zur Arbeit ging, sondern jeden Morgen vor der

Firmenzentrale protestierte. Dafür ließ Adidas »im gegenseitigen Einvernehmen« Karen Parkin ziehen, die es als erste Frau in den Vorstand geschafft hatte. Ihr Vergehen hatte darin bestanden, ein einziges falsches Wort zu benutzen: Sie hatte die Debatte über Rassismus in den USA als »noise« bezeichnet – Lärm.[9]

Es ist nicht neu, dass sich Firmen einem ebenso jungen wie idealistischen Publikum andienen. 1971 produzierte Coca-Cola den berühmten »Hilltop«-Clip, der ganz im Stil der Hippie-Bewegung gehalten ist. Strahlende Menschen in Saris und bunt bestickten Leinenhemden singen: »I'd like to buy the world a home and furnish it with love.«[10] 2017 veröffentlichte Pepsi einen Clip mit dem Internetstar Kendall Jenner, die ein Modell während eines Shootings spielt. Als Jenner sieht, wie ein Protestzug junger Aktivisten an ihrem Set vorbeizieht, tauscht sie ihr Glitzerkleid gegen Jeans und Pulli und wischt sich den Lippenstift vom Mund. Sie setzt sich an die Spitze des Demonstrationszuges und überreicht am Ende einem finster dreinblickenden Polizisten eine Dose Pepsi.[11]

Neu ist, dass sich die Erregungsbereitschaft des Internets und die Furcht der Unternehmen vor Kontroversen gegenseitig hochschaukeln: Die ehemalige Adidas-Vorstandsfrau Parkin war nicht das einzige Opfer dieser Dynamik. Sue Schafer wurde ein missglückter Scherz zum Verhängnis. Die damals 54-jährige Angestellte besuchte an Halloween 2018 eine Kostümparty von Tom Toles, dem renommierten Karikaturisten der »Washington Post«. Schafer, eine Grafik-Designerin, trug als Verkleidung ein Business-Kostüm und im Gesicht schwarze Farbe. An ihrer Jacke hing ein

Schild mit der Aufschrift: »Hello, my Name is Megyn Kelly«. Kelly ist eine prominente konservative Fernsehmoderatorin, die zu jener Zeit in der Kritik stand, weil sie das so genannte »Blackfacing« verteidigt hatte, das in den USA über viele Jahrzehnte dazu benutzt worden war, um Schwarze lächerlich zu machen.

Als Schafer auf der Party von Lexie Gruber - einer Frau mit puerto-ricanischen Wurzeln - mit den Worten: »Verstehen Sie, wie beleidigend das für eine Person of Color sein kann?« zur Rede gestellt wurde, erwiderte Schafer: »Ich bin Megyn Kelly - das ist lustig!« Doch Schafer merkte bald, wie missglückt ihre Persiflage war und verließ die Party vorzeitig. Am Folgetag schrieb sie dem Gastgeber eine zerknirschte Mail: »Es tut mir sehr leid, dass ich für einige eurer Gäste den Abend ruiniert habe.« Damit hätte die Sache erledigt sein können.

Aber es war die »Washington Post« selbst, die ein Team investigativer Journalisten auf den Partyabend ansetzte. Anlass war offenkundig eine Mail von Lexie Gruber an den »Post«-Karikaturisten Toles. Der Vorfall auf der Party, schrieb sie, laste immer noch auf ihrem Herzen - »es war abscheulich und ungeheuerlich«. Gruber wandte sich auch direkt an die »Washington Post« und verlangte, dass die Zeitung über die Party berichtet, was diese dann auch tat - ganz offenkundig, um zu verhindern, dass ein anderes Medium ihr zuvorkommt, was die Geschichte für die »Washington Post« unkontrollierbar gemacht hätte.[12]

Für die »Post« ist das Kalkül aufgegangen. Es gab zwar einige kritische Kommentare, warum es eine der renommiertesten Zeitungen der Welt für nötig hält, eine private

Feier mit den Mitteln des investigativen Journalismus zu durchleuchten. Aber in der Aufregung der Trump-Jahre war dies schnell vergessen. Für Schafer dagegen ging die Sache nicht so glimpflich aus. Ihr Arbeitgeber wartete nicht einmal, bis der »Post«-Artikel erschienen war, sondern feuerte sie schon davor.[13]

Kaum etwas fürchten Firmen in den USA mehr als den empörten Mob im Netz, und im Zweifel ist es immer einfacher, einen Angestellten vor die Tür zu setzen, als sich der blinden Wut mit Argumenten entgegenzustellen. Es hätte die Möglichkeit gegeben, die Verkleidung Schafers als einen privaten Missgriff zu betrachten, der mit einer Entschuldigung aus der Welt geschaffen wurde. Aber weil sich kaum ein Unternehmen den Vorwurf gefallen lassen will, nicht mit aller Entschiedenheit gegen jede Form des Rassismus und Sexismus vorzugehen, geben sich amerikanische Personalabteilungen häufig erst gar nicht mehr die Mühe, ihre Leute zu verteidigen.

Anfang Juli 2020 gab Niel L. Golightly bekannt, dass er nach nur sechs Monaten als Kommunikationschef des Flugzeugbauers Boeing das Unternehmen verlassen werde. Zuvor war ein Artikel aufgetaucht, im dem sich der ehemalige Navy-Pilot gegen Frauen in Kampfeinsätzen ausgesprochen hatte. Es war, man kann es nicht anders sagen, ein ausgesprochen dämlicher Text: »Es gibt keinen Vorteil, Frauen an die Front zu bringen, wenn dies mit der Bürde einhergeht, private Rückzugsräume zu schaffen, Militär-Tampons bereitzustellen und Schiffe mit Hygieneproduktion für Frauen zu beladen«, hatte Golightly geschrieben.

Aber der Artikel war knapp 33 Jahre alt, Golightly hatte ihn im Jahr 1987 in einer Zeitschrift veröffentlicht. Golightlys Chefs hätten argumentieren können, dass sie ihren Mitarbeiter nicht an jahrzehntealten Worten messen, die er heute selbst bedauert. Aber das hätte bedeutet, dass die Bosse möglicherweise selbst kritisiert worden wären. Also schrieb der Boeing-Vorstandsvorsitzende David Calhoun, er möchte betonen, wie unablässig sein Unternehmen »für Diversität und Inklusion in all ihren Dimensionen« arbeite - weswegen er Golightlys Entscheidung respektiere, »im Interesse der Firma« zurückzutreten.[14]

Es ist ein Fortschritt, wenn sich Unternehmen gegen Rassismus und für eine Arbeitsatmosphäre einsetzen, in der Frauen nicht mit sexistischen Sprüchen belästigt werden. Und es ist richtig, wenn amerikanische Konzerne mit Sorge auf die autoritären Tendenzen in der republikanischen Partei blicken. Nur sollte man nicht den Fehler begehen, Moral mit Geschäftsinteresse zu verwechseln. Nichts verabscheuen Firmen mehr als unsichere Verhältnisse, und die Bilder von Trump-Fans, die am 6. Januar 2021 das US-Kapitol gestürmt hatten, ließen die USA aussehen wie eine Bananenrepublik. Als Trump noch im Amt war, arrangierten sich die meisten US-Unternehmen mit dem Populisten im Weißen Haus - selbst Facebook-Chef Zuckerberg und Twitter-Mitgründer Jack Dorsey.

Deren Herz schlägt zwar für die Demokraten; andererseits haben gerade die beiden Social-Media-Plattformen ungemein von Trump profitiert. Zu seinen besten Zeiten hatte der US-Präsident fast 90 Millionen Follower auf Twitter. Trump sorgte dafür, dass die Plattform endgültig zum wahrscheinlich einflussreichsten politischen Medium der Welt aufstieg. Erst als klar war, dass der Demokrat Biden das Weiße Haus übernehmen würde, sperrte Twitter den Account des Präsidenten; Facebook hielt es genauso.

Das Geschäftsmodell der beiden Plattformen beruht nicht auf zivilem Diskurs, sondern auf Erregung, und so gesehen ist es konsequent, dass Dorsey ein antirassistisches Forschungszentrum des schwarzen Historikers Ibram X. Kendi mit zehn Millionen Dollar fördert. Kendi gehört zu den bekanntesten und zugleich umstrittensten schwarzen Aktivisten in den USA. Wenn man so will, ist er ein Provokateur von links. Es ist nicht ohne Ironie, dass Dorsey, der einen Reichtum von mehreren Milliarden Dollar angehäuft hat, Kendi so großzügig unterstützt. Denn in dessen Weltsicht ist der Kapitalismus in den USA ein System, das zutiefst durch Rassismus korrumpiert wurde. »Den Kapitalismus zu lieben bedeutet letztlich, den Rassismus zu lieben«, schreibt Kendi, was in letzter Konsequenz bedeutet, dass auch Dorsey ein Rassist ist.[15]

»Radical chic« nannte der Schriftsteller Tom Wolfe Anfang der Siebzigerjahre einen Essay für das »New York Magazine«, in dem er beschreibt, wie der Komponist Leonard Bernstein in seinem Penthouse an der New Yorker Park Avenue ein Spendendinner für die Black Panthers gibt - eine militante schwarze Organisation, die es sich zur Aufgabe gemacht hat, zur Not mit Waffengewalt für eine Revolution in den USA zu kämpfen. Der Text wurde zu einem Meilenstein des Journalismus, weil er wie kein zweiter die Schizophrenie einer weißen urbanen Oberschicht offenbarte, die sich in einer Mischung aus Selbsthass und Angstlust einer Bewegung an den Hals wirft, die - wenn sie nur könnte - die Bourgeoisie entmachten würde.[16]

Wenn man so will, ist woker Kapitalismus die Fortsetzung des »radical chic«. Nur dass die Unternehmen von der neuen Linken deutlich weniger zu befürchten haben als Bernstein von den Black Panthers. Sie gibt sich im Zweifel damit zufrieden, dass ein Mitarbeiter der Wut im Netz geopfert wird - oder mit einem schönen Honorar. Inzwischen gibt es Hunderte Berater, die ihren Lebensunterhalt damit verdienen, Angestellten von Unternehmen dabei zu helfen, ein antirassistisches Bewusstsein zu entwickeln und Mikroaggressionen zu vermeiden.

Die Heldin dieser Milliardenbranche heißt Robin DiAngelo, die mit dem Buch »White Fragility« einen weltweiten Bestseller geschrieben hat. Ihr Buch dreht sich um die Kernthese, dass jeder Weiße mit der Ursünde des Rassismus geboren sei. Die Idee der individuellen Verantwortung lehnt sie radikal ab. So wie Schwarze kollektiv Opfer von Rassismus sind, gehören Weiße qua Hautfarbe zur Gruppe der Täter. »Dieses Buch gründet ohne Wenn und Aber in Identitätspolitik«, schreibt DiAngelo. »Wenn ich die Begriffe ›uns‹« und ›wir‹ benutze, beziehe ich mich auf das Kollektiv der Weißen.«[17]

Die Zielgruppe von DiAngelo sind linke, gut verdienende Akademiker. DiAngelos Trick besteht darin, dass sie gerade diese Gruppe zu den größten Übeltätern erklärt. »Ich glaube, dass progressiv denkende weiße Menschen im Alltag People of Color den schlimmsten Schaden zufügen«, so DiAngelo. Sie bleibt zwar die Erklärung dafür schuldig, warum ausgerechnet liberale Weiße in New York oder Los

Angeles eine größere Gefahr für Afroamerikaner sein sollen als etwa republikanische Abgeordnete im Süden der USA, die Wahlgesetze ändern, um Schwarze von der Urne fernzuhalten.[18]

Aber der Clou ihres Buches besteht darin, dass sie jede Erläuterung eines aufgeklärten weißen Menschen, warum er kein Rassist sei, zum Beleg ihrer These erklärt. »Wenn wir – wie so viele – zu Menschen heranwachsen, die sich Rassismus ausdrücklich widersetzen, dann schaffen wir uns häufig eine Identität, die die Privilegien negiert, die auf unserer Hautfarbe beruhen, was wiederum Nachteile für Menschen anderer Hautfarbe schafft«, schreibt DiAngelo. »Was diesen Widerspruch besonders problematisch macht, ist der Umstand, dass die moralische Zurückweisung von Rassismus durch weiße Menschen gleichzeitig den Widerstand erhöht, die Komplizenschaft in diesem Rassismus zuzugeben.« Einfacher gesagt: Je aufgeklärter sich jemand gibt, umso wahrscheinlicher ist es, dass er den Rassisten in sich negiert.

Der Autor Matt Taibbi schrieb in einer polemischen Rezension, im Vergleich zu »White Fragility« lese sich Donald Trumps Buch »The Art of the Deal« wie Tolstois »Anna Karenina«. Aber vielleicht geht es DiAngelo nicht so sehr um Logik und Aufklärung, sondern um die Begründung eines Geschäftsmodells. Wenn jeder Weiße ein Rassist ist und die Leugnung dieses Umstands nur die Schuld des Angeklagten beweist, dann gibt es für Leute wie DiAngelo ein schier unendliches Tätigkeitsfeld. Folgt man ihrem Gedankengang, dann gibt es zwar keine Chance, der Ursünde des Rassismus zu entkommen. Es besteht aber die Möglichkeit, mit einer stetigen Selbstbefragung die eigene Schuld zumindest teilweise abzutragen: »Wir müssen davon ausgehen, dass unser Lernprozess nie zu Ende ist.«

Das ist insofern praktisch, als DiAngelo zu den führenden Anbieterinnen von Antirassismus-Kursen in den USA gehört. In diesen Kursen ist es schlechterdings unzulässig, dem Vorwurf des Rassismus zu widersprechen. Was DiAngelo präsentiert, ist im Kern eine Religion, die im Mantel der wissenschaftlichen Erkenntnis daherkommt: Jeder Weiße ist ein Rassist; Rassismus ist die Norm, nicht die Abweichung; weiße Dominanz bildet das Fundament westlicher Gesellschaften; diesen Glaubenssätzen oder dem Vorwurf des Rassismus zu widersprechen, offenbart nur die eigene Ignoranz.

DiAngelo hat ein System von logischen Zirkelschlüssen geschaffen, aber das hat dem Erfolg ihrer Arbeit keinen Abbruch getan. Laut ihrer Website nahmen Weltkonzerne wie Amazon oder Unilever ihre Dienste in Anspruch, auch die Demokraten im US-Repräsentantenhaus haben DiAngelo gebucht. Schon vor Jahren nahm sie laut der »New York Times« ein Redehonorar von bis zu 15 000 Dollar. Die Soziologin ist durch ihr Engagement für eine antirassistische Welt zu einer sehr wohlhabenden Frau geworden. Die Frage ist nur, ob die Welt von DiAngelo ähnlich profitiert. In ihrem Buch legt DiAngelo nahe, dass das Ablehnen von Antirassismus-Kursen, wie sie sie selbst anbietet, nur ein weiteres Indiz für tief verwurzelten Rassismus sei. Dabei ist durch mehrere Studien inzwischen gut dokumentiert, dass Kurse gegen Rassismus oder Sexismus so gut wie keinen Effekt haben.

Iris Bohnet hat sich ihr halbes Berufsleben lang mit der Frage beschäftigt, wie man Firmen dazu bringt, mehr Frauen und mehr schwarze Menschen in Führungspositionen zu bringen. »Wir wissen einfach, dass es wahnsinnig schwierig ist, antrainierte Verhaltensmuster und gelernte Strukturen im Gehirn zu verändern«, sagte mir die gebürtige Schweizerin, die an der Harvard University lehrt und eine der führenden Expertinnen auf dem Gebiet der Verhaltensökonomie ist. »Wenn ich in einem Kurs eine Stunde lang höre, dass ich als Schweizerin die Deutschen genauso mögen soll wie meine Landsleute, dann denke ich vielleicht: Ja, stimmt! Aber sobald ich den Kurs verlassen habe, falle ich wieder zurück in alte Gewohnheiten.« Um echten Wandel zu erreichen, müsse das Arbeitsumfeld verändert werden, sagt Bohnet. Appelle allein genügten nicht.

Bohnet schreibt in ihrem Buch »What Works«, dass US-Firmen für Kurse gegen Sexismus oder Rassismus inzwischen acht Milliarden Euro pro Jahr ausgeben – und weist gleichzeitig nach, dass sie in der Praxis weitgehend wirkungslos sind. »Es ist sehr unwahrscheinlich, dass solche Trainingseinheiten innere Einstellungen ändern, geschweige denn Verhaltensweisen, wenn sie nur darauf abzielen, dass sich Angestellte ihre Vorurteile bewusst machen«, so Bohnet.[19] Eine Studie, in der die Soziologen Alexandra Kalev, Frank Dobbin und Erin Kelly unter anderem Diversity Trainings aus drei Jahrzehnten untersucht haben, kommt zu einem ähnlich ernüchternden Ergebnis: Es gebe »keinen harten Beweis«, dass diese einen positiven Effekt zeitigten. Oft würden die Kurse nur deshalb abgehalten, um sich gegen den Vorwurf des Rassismus zu imprägnieren, schreiben die

Autoren. »Es gibt Gründe anzunehmen, dass Arbeitgeber Antidiskriminierungsmaßnahmen für die Außenwirkung anstrengen, um sich gegen rechtliche Haftungsrisiken abzusichern oder um die Stimmung zu verbessern, statt wirklich die Diversität im Management zu erhöhen.«[20]

Mit anderen Worten: Es ist eine Art Placebo-Aktivismus, der sich gut vermarkten lässt und zu nichts verpflichtet – wie gemacht für Firmen wie Amazon, die ständig wegen ihrer Steuertricks oder ihres schlechten Umgangs mit Arbeitern in den Schlagzeilen stehen. Laut Bohnet können die Diversity Trainings sogar einen negativen Effekt haben; die Wissenschaftlerin nennt das »moral licensing« – ein Phänomen, das jeder Mensch kennt: Wer joggen war, genehmigt sich danach umso eher ein Eis. Eine Wanderung an der frischen Luft ist die Rechtfertigung für ein üppiges Abendessen. Diese psychologische Mechanik funktioniert auch auf anderer Ebene.

»Leuten, denen im Jahr 2008 die Möglichkeit gegeben wurde, Barack Obama in seiner Kampagne für die Präsidentschaftswahl zu unterstützen, haben danach mit einer höheren Wahrscheinlichkeit Afro-Amerikaner diskriminiert«, schreibt Bohnet. »Der Effekt war besonders stark bei solchen Menschen, die ohnehin schon Vorurteile gepflegt haben, was die beunruhigende Annahme rechtfertigt, dass Diversitätsprogramme, die auf die schlimmsten Sünder abzielen, genau die gegenteilige Wirkung entfalten könnten.« Angesichts dieser Ergebnisse, so Bohnet, sollten die US-Firmen ernsthaft darüber nachdenken, ob die vielen Milliarden, die sie jedes Jahr für solche Trainings ausgeben, wirklich gut investiertes Geld sind.[21]

Aber im Moment spricht nichts dafür, dass es ein Umdenken gibt. Auch deutsche Firmen haben erkannt, dass sie von einem woken Kapitalismus profitieren können. Im Sommer 2021 kündigte der Kekshersteller Bahlsen an, dass die Schokoladen-Waffel, die er seit 60 Jahren unter dem Namen »Afrika« im Sortiment führt, künftig »Perpetum« heißen soll. Nun könnte man auf die Idee kommen, dass es schon ein rassistischer Gedanke ist, den Namen »Afrika« für rassistisch zu halten – aber was für Bahlsen offiziell den Ausschlag gab, waren einige aufgebrachte Konsumenten auf Instagram. Vielleicht aber sah das Unternehmen in der Aufregung nur einen willkommenen Anlass, den Kunden kräftig in die Tasche zu greifen. Denn in der alten »Afrika«-Verpackung waren noch 130 Gramm Waffeln; in der neuen, politisch hyperkorrekten sind es nur noch 94 – zum selben Preis.[22]

Allerdings ist woker Kapitalismus nicht ohne Tücken. Im Jahr 2020 wollte das feministische Internetportal »Edition F« den »25 Frauen Award« verleihen. Als Sponsoren hatten sich unter anderem der Autohersteller »Mercedes« und der Champagner-Produzent »Veuve Clicquot« angeboten. Von den 50 nominierten Frauen waren sieben schwarz. Diese allerdings gaben vor der Preisverleihung bekannt, dass sie auf ihre Nominierung verzichten. Sie hätten den Eindruck, schrieben sie, wegen ihrer »Nähe zum Weiß-Sein« ausgewählt worden zu sein.[23]

Um diesen »Colorism« zu bekämpfen, forderten sie dazu auf, mehr dunkelhäutigere Kandidaten zu nominieren – eine Aufgabe, vor der selbst die in allen Diversitätsfragen geschulte Redaktion von »Edition F« kapitulieren musste.

»Wir sind uns unserer Verantwortung als Medium, als wertebasiertes Unternehmen, als Freund*innen von BIPoC, von Menschen mit Be_hinderung, von Menschen aus der LGBTQI+-Bewegung und vielen anderen marginalisierten Gruppen bewusst und nehmen diese Verantwortung wahr und ernst«, schrieben die Gründerinnen der feministischen Plattform. »Für den diesjährigen Award bedeutet das, dass wir die Nominierung und Abstimmung nicht weiter fortführen werden.« Es war eine verständliche Entscheidung. Welche Jury, die noch bei Trost ist, möchte darüber bestimmen, ob Kandidatinnen schwarz genug sind, um preiswürdig zu sein?[24]

Aber unter dem Strich sind dies nur lästige Randerscheinungen einer ansonsten symbiotischen Beziehung. Welche Firma will es sich schon entgehen lassen, gemeinsam mit jungen Aktivisten für den Fortschritt zu kämpfen? Das ist so förderlich für das Image, dass selbst der amerikanische Geheimdienst CIA seine Chance erkannt hat. Im März 2021 veröffentlichte er ein Werbevideo, das ganz im Stil der neuen Zeit gehalten ist. In ihm tritt eine 36-jährige hispanische Beamtin auf, die durch die Flure der US-Geheimdienstzentrale in Langley schreitet und von ihrer Karriere erzählt. »Ich bin eine cis-gender Millennial, bei der eine Angststörung diagnostiziert worden ist«, sagt die Frau, während im Hintergrund erhebende Musik erklingt. »Ich bin intersektional, aber mein Selbst besteht nicht daraus, die richtigen Kriterien zu erfüllen.« Man muss das Video wohl so verstehen, dass auch ein progressives Ich des frühen 21. Jahrhunderts für eine Behörde arbeiten kann, die geheime Foltercamps unterhielt und verdeckte Killerkommandos in Marsch setzt. Wichtig ist nicht, was man tut - sondern ob man bereit ist, dem richtigen Glauben zu folgen.[25]

9 IBRAM X. KENDI ODER: ANTIRASSISMUS ALS BÜROKRATISCHES PERPETUUM MOBILE

Im Oktober 2020 gab der Historiker Ibram X. Kendi eine kleine Fibel mit dem Titel »Be Anti-Racist« heraus. Der in leuchtend gelber Farbe gehaltene Band ist ein Leitfaden zur Gewissenserforschung, wie man ihn auch in der katholischen Kirche finden könnte. »Dies kann dein Beichtstuhl sein«, schreibt Kendi in dem Vorwort zu seinem Buch, das viel Platz lässt, damit der Leser seine eigenen Verfehlungen notieren kann. »Beschreibe den rassistischsten Moment in deinem Leben«, heißt es etwa auf Seite 9.

Auf Seite 134 fragt Kendi seine Leser: »Welche Privilegien genießen arme Weiße typischerweise im Gegensatz zu armen Schwarzen?« Kein Fehltritt soll unerkannt, keine Schwäche unentdeckt bleiben. »Der Herzschlag des Antirassismus ist das Leugnen«, schreibt Kendi. Um seine Leser bei ihrer Seelenerforschung zu bestärken, gibt er ihnen immer wieder Sinnsprüche mit auf den Weg: »Ein wahrer Antirassist ist auch ein Feminist. Ein wahrer Feminist ist auch ein Antirassist« - »Wenn es darum geht, Amerika vom Rassismus zu heilen, dann wollen wir Amerika ohne Schmerz heilen; aber ohne Schmerz gibt es keinen Fortschritt.«[1]

Kendi, Jahrgang 1982, macht in seinen Schriften keinen Hehl daraus, dass seine Ideen Züge einer Heilslehre tragen: »Ich kann das religiöse Streben meiner Eltern, Christen zu werden, nicht von meinem säkularen antirassistischen Streben trennen«, schreibt Kendi, der in einem streng religiösen Elternhaus aufgewachsen ist. Und doch ist er kein Prediger und Beichtvater, sondern stieg in den vergangenen Jahren zu einem der einflussreichsten Wissenschaftler und Intellektuellen der USA auf. Sein Buch »Gebrandmarkt: Die wahre Geschichte des Rassismus in Amerika« erhielt im Jahr 2016 den »National Book Award«, neben dem Pulitzerpreis die renommierteste Auszeichnung für Sachbücher in den USA. Es machte Kendi mit einem Schlag zu einem Star des progressiven Amerika. Der junge Professor beschreibt in seinem Werk die USA als ein Land, das von Beginn an von Rassismus geprägt und durchzogen war; ein Rassismus, der bis heute tief in den Strukturen des Staates und der Gesellschaft stecke.

Im Jahr 2019 - mitten in der Präsidentschaft Trumps - erschien Kendis drittes Buch »How to Be an Antiracist«. Es ist keine historische Abhandlung mehr, sondern eine Mischung aus persönlicher Biografie und politischem Programm. Das Revolutionäre an Kendis Idee ist, dass sie sämtliche Ungleichheiten zwischen schwarzen und weißen Amerikanern zum Ergebnis von Rassismus erklärt. Auch nur den Gedanken zuzulassen, dass es selbst verschuldete Probleme in der schwarzen Community geben könnte, betrachtet

Kendi als Ausdruck von Rassismus. Im Kampf gegen diesen könne und dürfe es keine Neutralität geben, fordert Kendi. Entweder ein Mensch verschreibe sich als »Antirassist« vollkommen dem Bemühen, den Rassismus niederzuringen. Oder er ist selbst ein Rassist: »Die Behauptung, es gebe eine nicht rassistische Neutralität, ist nur ein Schleier, hinter dem Rassismus steckt.«[2]

Für Kendi ist ein Rassist nicht nur ein Mensch, der glaubt, Menschen anderer Hautfarbe seien weniger wert. Sondern jeder, der behauptet, Differenzen zwischen verschiedenen Ethnien könnten einen anderen Grund als Rassismus haben, wie dies zum Beispiel Barack Obama tat. Im Wahlkampf 2008 hatte der damalige demokratische Präsidentschaftskandidat in einer Rede beklagt, dass überdurchschnittlich viele schwarze Kinder bei alleinerziehenden Müttern aufwachsen. »Wir müssen Väter daran erinnern, dass ihre Verantwortung nicht mit der Zeugung aufhört«, sagte Obama und wies auf die Folgen der Verantwortungslosigkeit von Männern hin, die sich nicht um ihre Kinder kümmern: »Wie viele Teenager haben wir gesehen, die an Straßenecken rumhängen, während sie im Klassenzimmer sitzen sollten? Wie viele saßen im Gefängnis, während sie arbeiten oder sich wenigstens um einen Job umsehen sollten? Wie viele in dieser Generation wollen wir an Armut, Gewalt oder Drogensucht verlieren?«[3] Das Problem der vaterlosen schwarzen Teenager hat sich seit Obamas Rede kaum verbessert. Während im Jahr 2020 nur 7,8 Prozent der asiatisch-stämmigen Kinder in den USA bei einer alleinerziehenden Mutter aufwuchsen und 13,4 Prozent der weißen, waren es 46,3 Prozent der schwarzen Kinder.[4] Kendi allerdings behauptete in einem Interview im Jahr 2019: »Es gibt kein Problem mit schwarzen Vätern« und nannte es eine rassistische Idee, wenn Obama etwas anderes behaupte.[5]

Kendi ist seit Juli 2020 Leiter des »Center for Antiracist Research« an der Boston University, das über mehr als zwei Dutzend Angestellte verfügt. Wenn man Kendi dort via Zoom erreicht, erlebt man einen Mann, der in ruhigen, gesetzten Worten spricht und Wert darauf legt, dass sein antirassistisches Engagement streng in wissenschaftlicher Forschung gründe. Einer der Hauptkritikpunkte gegen Kendi lautet, den Vorwurf des Rassismus so inflationär zu gebrauchen, dass er seinen Sinn verliert. Wenn gleichzeitig Mitglieder des Ku-Klux-Klans, Trump und Obama Rassisten sind, ist es dann am Ende nicht jeder? Kendi kontert diesen Einwand, indem er »rassistisch« zu einem analytischen Begriff erklärt. »Es geht darum, was ein Mensch in einem bestimmten Moment ist«, sagt er. »Ob er rassistische oder antirassistische Ideen äußert; ob er rassistische oder antirassistische Politik unterstützt.« Nicht nur Obama, auch er selbst habe schon rassistische Ideen geäußert.

Kendis Konzept hat auf den ersten Blick etwas Bestechendes: Wenn man dem Begriff »rassistisch« die giftige, rufzerstörende Konnotation nimmt, dann kann er dazu benutzt werden, den Alltag nach Einstellungen, Verhaltensweisen und Politikansätzen abzusuchen, die dazu beitragen, dass Minderheiten benachteiligt werden. Allerdings ist Kendi selbst stets dazu bereit, im politischen Streit das Gewand des neutralen Wissenschaftlers abzulegen. Als ihm von Seiten der Republikaner vorgeworfen wurde, sein

Aktivismus beinhalte selbst Rassismus gegen Weiße, schrieb er im Magazin »The Atlantic«, dieser Einwand sei Ausdruck weißer Herrschaftsideologie und damit »die giftigste Form der rassistischen Denkweise«.[6]

»Ich bin kein Politiker«, sagt Kendi. Andererseits lässt das »Center for Antiracist Research« keinen Zweifel an seiner politischen Agenda. Auf der Homepage steht: »Unsere Mission: Eine antirassistische Gesellschaft zu formen, die ethnische Gleichstellung und soziale Gerechtigkeit garantiert.« Kendi versucht diesen Widerspruch dadurch aufzulösen, in dem er sich mit einem Naturwissenschaftler vergleicht, der nach streng objektivierbaren Regeln vorgeht. Zur Illustration dieser Idee dient ihm die eigene Krebserkrankung, die ihn vor wenigen Jahren fast getötet hätte. Er sei damals von Onkologen behandelt worden. Diese würden sich auch nicht als Aktivisten verstehen, sagt Kendi. »Aber wenn es um Rassismus oder Sexismus geht und es gibt einen Intellektuellen, der mit seiner Forschung ein Problem erkennt, das der Menschheit schadet und es bekämpft, wie es ein Onkologe mit seiner Arbeit tun würde, ... dann heißt es, wir seien Politiker oder Aktivisten. Dabei tun wir nichts anderes als andere Wissenschaftler, die sich darauf spezialisiert haben, Phänomene zu heilen, die der Menschheit schaden.«

Es gibt kaum einen Akademiker, der in den USA derzeit so umstritten ist wie Kendi. Manche halten ihn für einen der großen intellektuellen Köpfe des 21. Jahrhunderts, weil er Rassismus nicht nur analysiere, sondern auch ein Konzept entwickelt habe, ihn zu bekämpfen. »Er liefert konkrete, machbare Schritte und Empfehlungen, die wir alle nutzen können, um die Überreste von Rassismus und Borniertheit auszulöschen«, hieß es im Magazin »Time«, das ihn im Jahr 2020 zu den 100 einflussreichsten Menschen der Welt zählte. Er stand damit in einer Reihe mit Angela Merkel, und Joe Biden.[7] 2021 wurde ihm der MacArthur »Genius Grant« zugesprochen, ein mehrjähriges Stipendium von über einer halben Million Dollar. Aber viele werfen ihm auch vor, aus dem Kampf gegen den Rassismus eine Ideologie geformt zu haben, die keinen Widerspruch dulde. Der »New York Times«-Kolumnist Ross Douthat stellte Kendi und die Antirassismus-Autorin Robin DiAngelo in einen Zusammenhang mit dem Radio-Moderator Rush Limbaugh, der mit seiner rechten Krawallrhetorik den Boden für die Präsidentschaft von Donald Trump bereitet hatte. »Sie verkörpern einen ideologischen Extremismus, der kluge Linke beschämt, genauso wie der Geist von Limbaugh oft rechte Intellektuelle beschämt hat.«[8]

Der kaum verhohlene Vergleich mit Limbaugh ist polemisch und vielleicht auch ungerecht. Es gehört zu den Verdiensten Kendis, die historischen Wurzeln eines Rassismus herausgearbeitet zu haben, die auch heute noch nachwirken: In seinem Buch »Gebrandmarkt« schreibt Kendi, dass schwarze Amerikaner 13 Prozent der US-Bevölkerung stellen, aber nur über 2,7 Prozent des nationalen Vermögens verfügen und 40 Prozent der Gefängnisinsassen ausmachen.[9] Dass Rassismus ein Grund dafür ist, liegt auf der Hand: Schwarzen wurde es über viele Jahrzehnte erschwert, mit Immobilien Vermögen zu bilden; die Strafgesetz-Verschärfungen in den Achtzigerjahren entwickelten sich zu einer Katastrophe für schwarze Viertel, weil Delikte mit »schwarzen« Drogen wie Crack härter bestraft wurden als Delikte mit »weißen Drogen« wie etwa Kokain.

Aber Kendis antirassistische Logik ist auch enorm eindimensional. Es ist richtig, dass nur 28,1 Prozent der schwarzen US-Bürger einen Hochschulabschluss haben, während der Anteil unter weißen Amerikanern bei 41,9 Prozent liegt und bei asiatisch-stämmigen sogar bei 61,0 Prozent.[10] Bedeutet dies aber, dass amerikanische Schulen und Universitäten rassistisch sind? Kendi argumentiert, dass Colleges und Universitäten schwarze Studenten diskriminieren, weil sie sich bei der Zulassung von Studenten häufig auf SAT-Tests stützen, bei denen schwarze Schüler oft schlecht abschneiden. Laut einer Statistik aus dem Jahr 2021 holen sie im Schnitt 932 Punkte; bei weißen sind es 1112 Punkte und bei asiatischen 1239.[11] Kendi argumentiert, dass der SAT kein objektives Mittel sei, um die geistigen Fähigkeiten von Studenten zu testen: »Der Gebrauch von standardisierten Tests, um Begabung und Intelligenz zu messen, ist eines der effektivsten rassistischen Instrumente, die jemals erdacht wurden, um den Geist schwarzer Menschen herabzuwürdigen und auf legalem Wege schwarze Menschen auszuschließen.« Er führt den SAT zurück auf Eugeniker im frühen 20. Jahrhundert, deren Anliegen es gewesen sei, die Unterlegenheit nichtweißer Menschen unter Beweis zu stellen.[12] Aber wenn dem so ist: Warum schneiden dann Asiaten - die zu den People of Color gezählt werden - beim SAT am besten ab?

Natürlich hat der Erfolg beim SAT auch mit der Qualität der Schule zu tun, auf der Kinder ausgebildet wurden. Und selbstverständlich spielt auch die Bildung und das

Engagement der Eltern eine große Rolle. Aber bedeutet dies, dass der SAT selbst rassistisch ist? Kendi schreibt: »Wie wäre es, wenn wir erkennen würden, dass der beste Weg, ein effektives Bildungssystem zu schaffen, nicht dadurch erreicht werden kann, indem wir unsere Tests und unseren Lehrplan standardisieren, sondern indem wir die Möglichkeiten für alle Studenten standardisieren?«

Das klingt zunächst vernünftig. Doch wie ungerecht es sein kann, auf einen standardisierten Eingangstest zu verzichten, lässt sich am Beispiel der Stuyvesant High School in Manhattan zeigen, einer öffentlichen Eliteschule, die in ihrer über 100-jährigen Geschichte vier spätere Nobelpreisträger hervorgebracht hat. Die Stuyvesant bietet Familien aus New York City mit geringen Einkommen die Chance, begabten Kindern eine kostenlose Ausbildung an einer renommierten Schule zu gewähren - sofern sie den Eingangstest bestehen. Über viele Jahrzehnte schickten vor allem jüdische Familien ihre Kinder auf die Schule, aber inzwischen stammt mehr als 70 Prozent der Schülerschaft aus asiatischen Familien, die sich häufig keine Privatschule leisten können. Nur rund ein Prozent der Schüler sind schwarz, weshalb die Zulassungskriterien der Stuyvesant High seit Jahren in der Kritik stehen.[13] Der demokratische Bürgermeister Bill de Blasio versuchte im Jahr 2018, den standardisierten Test abzuschaffen, scheiterte aber am lauten Protest vieler Eltern. Denn ist es gerecht, begabte Schüler auszuschließen, nur weil ihre Eltern oder Großeltern aus China oder Japan stammen?[14]

Wie sehr sich die Debatte über Rassismus in den vergangenen Jahrzehnten gewandelt hat, kann man an dem Buch

»The Content of Our Character« ablesen, das der schwarze Literaturprofessor Shelby Steele im Jahr 1990 veröffentlicht hatte. Der Titel ist eine Reminiszenz an die berühmte »I have a dream«-Rede von Martin Luther King Jr., und in dem Buch argumentiert Steele, viele schwarze US-Amerikaner würden sich in ihrem Status als Opfer von Rassismus einrichten, statt selbst Verantwortung für ihr Leben zu übernehmen. Er schreibt: »Nach etlichen Kriterien liegen viele Afroamerikaner – jene, die noch nicht in der Mittelklasse angekommen sind – heute weiter hinter Weißen zurück als zu der Zeit, bevor die Bürgerrechtsbewegung ihre Siege erringen konnte. Aber unter schwarzen Amerikanern gibt es eine Zögerlichkeit, dieses Paradox zu ergründen. Ich denke, weil es nahelegt, dass Unterdrückung aufgrund unserer Hautfarbe nicht der Grund ist. Wenn sich die Bedingungen für die meisten von uns verschlechtert haben, während gleichzeitig der Rassismus auf dem Rückzug war, dann muss ein großer Teil des Problems selbst verschuldet sein.«[15]

Man muss die Analyse von Steele, der heute Fellow am Hoover Institute der Stanford University ist, nicht teilen. Doch interessant ist, dass Shelbys Buch Anfang der Neunzigerjahre ähnlich kontrovers aufgenommen wurde wie Kendis Werk heute. »The Content of Our Character« wurde heftig kritisiert, aber es gewann auch den »National Book Critics Circle Award«.

Steeles Buch ist, wenn man so will, der Gegenpol zu Kendis »How to be an Antiracist«. Während Steele an die Eigenverantwortung appelliert, wälzt Kendi alle Probleme in der schwarzen Community auf die Gesellschaft und den ihr innewohnenden Rassismus ab. Während Steele die schwarzen Amerikaner davor warnt, sich als Opfer zu sehen, sieht Kendi das weiße Amerika in der Pflicht, all jene Hürden aus dem Weg zu räumen, die aus seiner Sicht dem Erfolg schwarzer Amerikaner im Wege stehen. Kendi will nicht nur rechtliche Gleichstellung und die Förderung von schwarzen US-Bürgern durch »Affirmative Action«, um die Diskriminierung der Vergangenheit zu heilen; folgt man seiner Logik, dann ist Gleichstellung erst erreicht, wenn Afroamerikaner in allen Lebensbereichen mit weißen oder asiatisch-stämmigen Amerikanern gleichgezogen haben. Bis dieses Ziel erreicht ist, sei es nicht nur zulässig, sondern auch geboten, dass der Staat privilegierte Gruppen diskriminiere. In »How to Be an Antiracist« schreibt Kendi: »Das einzige Heilmittel gegen rassistische Diskriminierung ist antirassistische Diskriminierung. Das einzige Heilmittel gegen vergangene Diskriminierung ist Diskriminierung in der Gegenwart. Das einzige Heilmittel gegen Diskriminierung in der Gegenwart ist Diskriminierung in der Zukunft.«[16]

Wenn man Kendi fragt, was er damit meint, führt er das Beispiel von älteren Menschen an, die in vielen Ländern zuerst den Covid-Impfstoff erhalten hätten. »Das ist Diskriminierung, aber es ist positive Diskriminierung. Es bedeutet, zuerst den dringendsten Bedarf anzuerkennen.« Es sei nicht ungerecht, so Kendi, schwarze Amerikaner etwa im Wege von Reparationen zu entschädigen, wenn der Staat über viele Jahrzehnte dafür gesorgt habe, dass diese kein Vermögen aufbauen konnten.

Reparationen werden seit einigen Jahren verstärkt in den USA diskutiert und wären in der Tat eine Möglichkeit, das Verbrechen der Sklaverei durch eine große Geste anzuerkennen. Aber selbst wenn sich die amerikanische Politik dazu durchringen sollte: Ist es damit getan? Kendis Politik beruht auf der Idee, dass der Staat so lange nicht ruhen darf, bis alle materiellen Ungleichheiten zwischen den Ethnien eingeebnet sind. Wie dieser Ausgleich durchgesetzt werden kann, hat Kendi schon ausgeführt. Er hat einen Verfassungszusatz vorgeschlagen, der die Einführung eines »Ministeriums für Antirassismus« erlauben würde. Dieses Ministerium soll nach dem Willen Kendis »mit Disziplinarbefugnissen ausgestattet werden, mit denen Politiker und Regierungsvertreter zur Rechenschaft gezogen werden, die nicht freiwillig auf rassistische Anordnungen und Ideen verzichten«. Es wäre, man muss das so deutlich sagen, die Abschaffung der Demokratie im Namen des Fortschritts – eine Orwellsche Dystopie.[17]

Der Aufstieg Kendis ist nur mit dem speziellen geistigen Klima der Trump-Jahre zu erklären. Wenn man so will, ist der Historiker die illiberale Antwort auf einen autoritären Präsidenten. Er beansprucht ein Monopol auf die Definition dessen, was Rassismus ist und was nicht. Und sein Wirken reicht schon weit über die USA hinaus. Kendis Bücher sind in deutscher Übersetzung erhältlich, und in Deutschland kommt kaum ein antirassistischer Autor ohne den Hinweis auf den amerikanischen Professor aus. Das gilt für Alice Hasters' »Was weiße Menschen nicht über Rassismus hören wollen, aber wissen sollten« ebenso wie für Mohamed Amjahids Bestseller »Der Weiße Fleck«. Kendi, schreibt Amjahid, verfolge »unzählige universale Ansätze, die auch im deutschsprachigen Rahmen sinnvoll sind«.

Die neue Bundesregierung folgt der Grundidee Kendis, den antirassistischen Kampf mit den Mitteln der Bürokratie zu führen. Im Kanzleramt sitzt mit der SPD-Politikerin Reem Alabali-Radovan erstmals in der Geschichte der Bundesrepublik eine Antirassismus-Beauftragte. Im Koalitionsvertrag versprechen SPD, Grüne und FDP, das Deutsche Zentrum für Integrations- und Migrationsforschung (DeZIM) zu fördern, das im Frühjahr 2022 eine Untersuchung mit dem Titel »Rassistische Realitäten« veröffentlichte. Das 114-seitige Papier bildet lediglich den Auftakt für eine ganze Reihe von Studien, die künftig Art und Ausmaß von Rassismus und Diskriminierung in Deutschland erkunden sollen.

Für »Rassistische Realitäten« wurden circa 5000 Personen telefonisch befragt, und die Ergebnisse sind auf den ersten Blick durchaus ermutigend. In Deutschland existiert offenkundig eine hohe Sensibilität für Rassismus: Rund 90 Prozent der Befragten sind der Meinung, dass Rassismus in Deutschland existiert. Es kann also keine Rede davon sein, dass das Problem negiert würde, wie die Autoren des Papiers selbst schreiben: »Dass Rassismus Realität ist, erkennt beinahe die gesamte Bevölkerung an.« Gleichzeitig gaben 47 Prozent der Befragten an, dass sie in den vergangenen fünf Jahren rassistischen Aussagen widersprochen hätten; weitere 34,9 sagten, dass sie sich vorstellen könnten, dies zu tun; rund ein Drittel erklärten, sie könnten sich vorstellen, an einer Demonstration gegen Rassismus teilzunehmen.[18]

Dennoch durchzieht die Studie ein pessimistischer Ton. Wie ist das zu erklären? Die Autoren der Studie beklagen insbesondere, »dass bei der Hälfte der Bevölkerung Reflexe der Abwehr und eine damit einhergehende Bagatellisierung von Rassismus zu beobachten sind«. Um diese drastische These zu untermauern, legten sie den Befragten unter anderem die Aussage vor: »Es ist absurd, dass einem Rassismus unterstellt wird, wenn man lediglich fragt, wo jemand herkommt.« Über 60 Prozent stimmen ihr voll und ganz oder eher zu; über 70 Prozent dem Satz: »Um zu beurteilen, ob eine Aussage rassistisch ist, muss ich wissen, wie die Aussage gemeint war.«

Aber ist es wirklich schon eine Verharmlosung von Rassismus, wenn man einen Menschen mit türkischen, afrikanischen oder asiatischen Wurzeln fragt, wo er herkommt? In ihr kann auch das ehrliche Interesse an einer Einwanderungsgeschichte stecken. Um die Frage als »Rassismus« zu werten, muss man das Konzept der Mikroaggression bemühen, was die Autoren auch tun. In ihrer Literaturliste findet sich der Aufsatz von Derald Wing Sue, den ich in Kapitel 5 beschrieben habe und mit dessen Hilfe sich auch die kleinste alltägliche Unachtsamkeit in einen rassistischen Akt umdeuten lässt.

Wenn man die Studie »Rassistische Realitäten« genauer liest, dann wird schnell klar, dass die Autoren versuchen, den amerikanischen Antirassismus-Diskurs mit all seinen Dogmen und Widersprüchen auf Deutschland zu übertragen. Der Rückgang des offenen Rassismus ist für sie nicht etwa Beleg dafür, dass eine Gesellschaft toleranter und liberaler wird, sondern markiert nur den Übergang in eine neue Phase, in der Rassismus »subtile verdeckte und indirekte Formen angenommen hat«, wie es in der Studie unter

Bezugnahme auf amerikanische Literatur heißt. Die Frage, ob Rassismus beabsichtigt ist oder nicht, spielt für die Autoren der Studie letztlich keine Rolle; sie halten es offenkundig nicht einmal für relevant, ob die Opfer von Rassismus diesen auch als solchen erkennen. Denn die »Praktiken der Grenzziehung und des Ausschlusses« seien sogar denjenigen, »die selbst direkt von Rassismus betroffen sind, nicht immer bewusst«.

Natürlich gibt es in Deutschland immer noch harten und offenen Rassismus. Aber die Autoren der Studie scheinen sich mehr für die Mitte der Gesellschaft zu interessieren, die ihre Ressentiments hinter einer liberalen Fassade verstecke. Gerade progressiv eingestellte Menschen versuchten, sich ein positives Selbstbild zu bewahren, indem sie sich »ausgrenzende Tendenzen« nicht einmal selbst eingestehen würden. »Stattdessen weisen sie entsprechende Anschuldigungen empört zurück und rechtfertigen dies zum Beispiel mit der Schulqualität für ihre Kinder oder der Sicherheit in der Nachbarschaft.«

Es lohnt an dieser Stelle, einen Moment innezuhalten, weil die Argumentation vorführt, welch toxisches Klima die antirassistische Ideologie erzeugen kann. Denn natürlich sind Eltern daran interessiert, ihren Kindern die bestmögliche Ausbildung zu ermöglichen. Es ist vollkommen legitim, wenn sie wissen wollen, ob die Lehrer in der ersten Klasse erst einmal damit beschäftigt sein werden, alle Kinder auf ein halbwegs passables Sprachniveau zu heben. Diese Sorge als verkappten Rassismus zu diffamieren, ist nicht nur zutiefst unredlich. Sondern es sorgt auch dafür, dass rechter Populismus blüht und gedeiht.

Vieles spricht dafür, dass der Antirassismus amerikanischer Prägung in den kommenden Jahren tief in die deutsche Bürokratie eindringen wird. Das Zentrum für Integrations- und Migrationsforschung, das die Bundesregierung großzügig mit Mitteln ausstattet, hat unter anderem dabei geholfen, im Jahr 2020 den ersten so genannten Afrozensus herauszubringen – eine Erhebung über die Lage schwarzer Menschen in Deutschland. Der Afrozensus erhebt nicht den Anspruch, repräsentativ zu sein; dafür aber sind die Schlussfolgerungen und politischen Forderungen der Studie umso eindeutiger und umfassender.[19]

Um strukturellem Rassismus entgegenzuwirken, fordert das Papier eine ganze Serie von politischen Schritten: Beauftragte für »Rassismuskritik« an deutschen Hochschulen; eine Expertenkommission des Bundestages zum Thema Anti-Schwarzer Rassismus (ASR); die Implementierung eines »ASR-Mainstreaming«, das dafür sorgen soll, dass jedes Gesetz und jede Verordnung darauf abgeklopft wird, dass die »Interessen von Schwarzen, afrikanischen und afrodiasporischen Menschen grundsätzlich und systematisch berücksichtigt werden«.

Im Afrozensus steckt ein Widerspruch, der sich auch durch die Arbeit von Kendi zieht: Einerseits ist der Staat zutiefst verdächtig und Quelle von »institutionellem Rassismus«. Andererseits ist der Glaube nahezu grenzenlos, mit dem Werkzeugkasten der Bürokratie eine neue, antirassistische Welt zu schaffen. Wie weit die Pläne schon vorangeschritten sind, zeigt der 210-seitige »Landesaktionsplan gegen Rassismus«, den die Regierung Schleswig-Holsteins im Sommer 2021 beschlossen hat. Es ist ein beeindruckendes Dokument deutscher Behördengründlichkeit. In Hunderten Unterpunkten erklärt die Landesregierung, welche Schritte sie schon eingeleitet hat, um Rassismus entgegenzutreten - und was noch getan werden muss.[20]

Auf Seite 86 heißt es, die Mitarbeiter von Verwaltung, Schulen und Kitas im Kreis Schleswig-Flensburg würden durch Kurse in ihrer »interkulturellen Kompetenz« gestärkt. Auf Seite 87 verspricht die Landesregierung, einen Leitfaden für rassismuskritische Sprache zu erstellen (»Zuständigkeit: Staatskanzlei«). Der Landesbeauftragte für politische Bildung soll prüfen, »inwieweit Angebote der politischen Bildung - insbesondere für Erwachsene über 50 Jahren - Themen der Rassismuskritik noch stärker aufgreifen können.«

Ohne Frage ist es Aufgabe des Staates, Rassismus zu bekämpfen. Aber es gibt auch die Gefahr, dass aus Antirassismus ein bürokratisches Perpetuum mobile wird - ein sich selbst erhaltendes System aus Forschern und Aktivisten, die dem Staat unentwegt Rassismus unterstellen und daraus die Berechtigung für ihre Arbeit ableiten.

10 EINE NEUE RELIGION ODER: MEINE GROSSE SCHULD

Im April 2021 erschien auf der Homepage des Theater Bremen ein Aufsatz des Intendanten Michael Börgerding. Der Text drehte sich um den Regisseur Armin Petras, mit dem Börgerding, wie es in der Überschrift hieß, eine »Arbeitsfreundschaft« unterhält. Es war eine Formulierung, die schon durchblicken ließ, dass es angeraten sein könnte, etwas Abstand zu Petras zu halten. Petras ist Hausregisseur am Theater Bremen, eine Personalie, die unter anderen Umständen keiner weiteren Begründung bedurft hätte. Petras ist seit vielen Jahren eine feste Größe in der deutschen Theaterszene. Ein progressiver Künstler, der für seinen behutsamen Umgang mit Schauspielern bekannt ist und sechs Jahre lang das renommierte Maxim-Gorki-Theater in Berlin geleitet hatte.

Nun aber war Petras in die Schlagzeilen geraten, weil er im Jahr 2019 bei Proben zu einer Adaption von »Dantons Tod« in Düsseldorf den schwarzen Schauspieler Ron Iyamu nicht bei seinem Namen gerufen hatte. Iyamus Rollenname lautete »Toussaint Louverture, ein ehemaliger Sklave«. Aber Petras nannte den Schauspieler in den Proben mehrfach nur »Sklave«, was dieser später – neben anderen Vorfällen – in seiner Diplomarbeit mit dem Untertitel »Ein Erfahrungsbericht über Rassismus in der deutschen Schauspielszene« öffentlich machte.[1]

Der »Rassismus-Skandal«, wie ihn die »taz« nannte, schlug hohe mediale Wellen: Der WDR berichtete, die »Zeit« und fast alle großen Tageszeitungen. Die nordrhein-westfälische Kulturministerin Isabel Pfeiffer-Poensgen und der Düsseldorfer Oberbürgermeister Stephan Keller forderten eine konsequente Aufarbeitung. Das Düsseldorfer Schauspielhaus veröffentlichte umgehend eine Entschuldigung: »Wir bedauern sehr, dass wir den Vorfällen nicht konsequenter begegnet sind«, hieß es darin. Theaterintendant Wilfried Schulz räumte im Interview Fehler ein, eine Einlassung freilich, die Iyamu zurückwies. »Es geht hier nicht um einen Fehler«, schrieb der Schauspieler auf seinem Instagram-Account, sondern um die »rassistischen und sexistischen Strukturen«, die am Schauspielhaus ein »Dauerzustand« seien.

Der Fall Iyamu zog eine solche Aufmerksamkeit auf sich, dass zwischendurch das Gerücht die Runde machte, der Düsseldorfer Theaterchef Schulz müsse seinen Stuhl räumen. Auch der Bremer Intendant Börgerding fürchtete offenkundig um seine Reputation. Er sah sich genötigt zu erklären, »warum ich als Intendant an diesem Künstler festhalte«. Börgerding würdigte in einem langen Text Petras' Verdienste um die deutsche Theaterszene. Seine Ausführungen mündeten in einer Mail von Petras an Iyamu, in der der Regisseur den Schauspieler um Verzeihung gebeten hatte und aus der Börgerding ausführlich zitierte:

»Erst einmal möchte ich mich (sic) in aller Umfänglichkeit bei dir um Entschuldigung bitten, entschuldigen dafür, dass ich und die Zeit, die du mit mir in der Produktion verbracht hast, deinen Leidensdruck als Schwarzer Deutscher in dieser Gesellschaft nicht verringert, sondern vergrößert hat ... Ich erinnere mich, dass wir jenseits des revolutionär bürgerlichen Projektes von Büchner nach Texten gesucht haben, die dem proletarischen Klassenkampf, den feministischen Befreiungskampf, als auch den Kampf der Kolonialisierten gegen Unterdrückung und Sklaverei thematisieren ... Zur Generalprobe war ich stolz auf unseren Weg. Von diesem Stolz ist nun in der Tat nicht mehr viel übrig. Wenn ich dich in der Probe mit dem Namen der von uns beiden entwickelten Figur ›Sklave‹ angesprochen habe, war das für mich erstmal bei etwa zwanzig anderen Figuren/Rollennamen ein Begriff, der mir im weitesten Sinne zur Verständigung ›brauchbar‹ erschien. Auf deine Aufforderung, diesen Begriff nicht mehr zu verwenden, bin ich meines Wissens sofort eingegangen.«

Börgerding veröffentlichte die Mail von Petras mit dessen Erlaubnis; Petras wiederum erhielt die Gelegenheit, den Text Börgerdings vor der Veröffentlichung zu lesen.

Nach einer ersten Lektüre bat Petras den Intendanten eindringlich darum, seine Verfehlungen noch stärker herauszustellen. Den Rollennamen auf »Sklave« verkürzt zu haben, »IST GERADE MEIN HAUPTFEHLER gewesen«, schreibt Petras. »Im großen Ganzen geht meine Bitte dahin, meine Fehler deutlicher herauszuarbeiten und plastischer zu machen. Gleichzeitig aber auch zu zeigen, dass niemand vor Rassismen gewappnet ist, also jeder a priori ein Rassist ist ...«

Ich schildere das hier so ausführlich, weil Petras' Entschuldigung eine Tonlage anschlägt, die man nur aus einer fernen Epoche kennt. Natürlich hat Iyamu jedes Recht, sich zu beschweren, wenn er sich verletzt fühlt. Aber folgt man der Argumentation des Schauspielers, ist eine individuelle Entschuldigung nur der Versuch, ein größeres strukturelles Problem zu verschleiern. »Nachdem ich mich nun seit vielen Jahren mit dem Thema Rassismus beschäftigen musste, wurde mir im Laufe dieser Arbeit immer klarer, dass Rassismus in einer weißgeprägten Theaterszene tief verankert ist«, schreibt Iyamu in seiner Diplomarbeit.

Will also Petras den Forderungen Iyamus Genüge tun, reicht es nicht, sich für einen persönlichen Fehltritt zu entschuldigen. Er muss sich als Vertreter eines rassistischen Systems selbst anklagen und gleichzeitig geloben, dieses in Zukunft zu bekämpfen - was Petras dann auch tut: Es reiche heute nicht mehr, kein Rassist zu sein, so Petras. Notwendig sei eine antirassistische Haltung, die »permanent« kommuniziert werden müsse: »Mit Worten, Gesten, Bildern, eigenem Verhalten, und zwar egal wo, genauso in der Umkleide wie am Kaffeeautomaten oder auf der Probe.«[2]

»Was heute Wokeness heißt, hieß gestern revolutionäre Wachsamkeit«, schrieb die in der DDR aufgewachsene Theaterkritikerin Kerstin Decker in einem Essay zu dem Fall Petras, und tatsächlich klingt in dessen Entschuldigung jene ritualisierte Selbstkritik durch, die man sonst aus dem

Kommunismus kennt. »Revolutionäre Wachsamkeit« ist ein Begriff, der unter Josef Stalin Konjunktur hatte.[3]

Mit ihm half Stalin nicht nur, ein System der Denunziation zu etablieren; er schuf auch eine neue Disziplinarordnung, in dem der Angeklagte zugleich die Rolle des Staatsanwalts und des Richters übernahm. Für einen Bolschewiken genügte es nun nicht mehr, nur die neueste Parteilinie zu verinnerlichen. Er musste auch bereit sein, sich bei der geringsten Verfehlung öffentlich zu geißeln. »Die geforderte Internalisierung von Kritik und Selbstkritik beabsichtigte, die stalinistische Ethik im moralischen Selbst des gläubigen Kaders zu verankern und aus ihm den ›Neuen Menschen‹ zu formen, der durch permanente öffentliche und private Selbstkontrolle alle sündhaften Gedanken, Zweifel, Taten, Verstrickungen und Versuchungen sich selbst und dem Parteikollektiv anzuzeigen gewillt ist«, schrieb der Soziologe Klaus-Georg Riegel in einem Aufsatz mit dem Titel »Der Marxismus-Leninismus als ›politische Religion‹«.[4]

In einem Artikel für das Magazin »The Atlantic« verglich die amerikanische Historikerin Anne Applebaum das Klima der Angst während der Sowjetisierung Zentraleuropas in den Vierzigerjahren mit der Furcht vor den moralischen Schnellurteilen des Internet-Zeitalters. »Auch ohne eine direkte Gefährdung für Leib und Leben fühlten sich die Menschen verpflichtet, ... Parolen zu verbreiten, an die sie nicht glauben oder sich öffentlich vor einer Partei zu verneigen, die sie im Privaten verachteten«, so Applebaum.[5]

Ist der Vergleich mit dem Kommunismus übertrieben? Was haben die Selbstanklagen der Ära Stalin mit der Gegenwart zu tun? Niemand muss sich in Deutschland oder in den Vereinigten Staaten vor staatlichem Zwang fürchten; niemand landet im Gulag, wenn er sich eine eigene Meinung leistet. Und doch erzeugen die Mobmentalität im Netz und die Feigheit der Personalabteilungen, die Gleichförmigkeit des Denkens an Universitäten und im Kulturbetrieb eine geduckte Ängstlichkeit, die den offenen Diskurs erstickt. Wie anders ist es zu erklären, dass ein Mann wie David Shor gefeuert wird, nur weil er sich darum bemüht, dass sich die Demokraten einen nüchternen Blick auf die Realität bewahren? Wie sonst kommt ein etablierter Regisseur wie Petras dazu, für einen Fehltritt nicht nur um Verzeihung zu bitten, sondern sich als Vertreter eines rassistischen Systems zu geißeln?

Der Brockhaus umschreibt Religion als ein Glaubenssystem, »das in Lehre, Praxis und Gemeinschaftsformen die ›letzten‹ (Sinn-)Fragen menschlicher Gesellschaft und Individuen aufgreift und zu beantworten versucht«. Folgt man dieser Definition, ist es nicht abwegig, im Antirassismus amerikanischer Prägung die Züge einer innerweltlichen Erlösungslehre zu erkennen, wie es etwa der New Yorker Linguist John McWhorter in seinen Buch »Die Erwählten« tut. Da ist die Idee der Erbsünde, die im Gewand »weißer Privilegien« wiederkehrt. Diese sind nicht tilgbar, sondern nur durch einen ständigen Reue- und Selbsterkenntnisprozess zu minimieren. Wenn man die Antirassismus-Trainings genauer betrachtet, die in vielen US-Firmen inzwischen zum Standardrepertoire gehören und nun auch in Deutschland populär werden, dann fällt auf, wie sehr sie der Seelenerforschung gleichen, die den Gläubigen dazu anhalten, mit strengem Blick über die innere Moral zu wachen.

Durch die Bücher der Antirassismus-Autorin Robin DiAngelo zieht sich eine priesterliche Unerbittlichkeit, die selbst dem reuigen Sünder keine Erlösung verspricht, sondern nur den dornenreichen Weg der permanenten Selbstanklage. DiAngelo, aber auch Kendi kreieren eine Welt, in der es Verdammte gibt (Weiße) und Erlöste (People of Color), nur dass der göttliche Schuldspruch schon bei der Geburt fällt, nicht erst am Ende des Lebens. Zu den Kernsätzen von Kendis Lehre gehört, wie im vorigen Kapitel gezeigt, dass er das Prinzip der Eigenverantwortung schlicht und einfach negiert. Es ist eine paternalistische, um nicht zu sagen anmaßende Theorie: Im Grunde besagt sie nichts anderes, als dass das Wohl und Wehe von schwarzen Amerikanern allein davon abhängt, ob Weiße bereit sind, ihre eigenen Sünden und Verfehlungen aufzuarbeiten und zu korrigieren. Denn wo es keine Eigenverantwortung gibt, ist auch kein Weg, sich selbst aus der Unterdrückung zu befreien.

Es ist kein Zufall, dass dieser Paternalismus mit einem dunklen Weltbild korrespondiert. Wenn man, wie das »1619 Project« der »New York Times«, die Sklaverei zum zentralen Gründungsmythos der USA erklärt, warum sollte man dann überhaupt noch an den Wert des amerikanischen Projektes glauben? Ist es dann nicht konsequent, die Demokratie nur als Fassade zu betrachten, die ein menschenfeindliches Ausbeutungssystem verdecken soll? Hier liegt auch der tiefere Grund, warum es dem progressiven Lager in den USA zunehmend schwerfällt, noch eine verbindende, positive Botschaft zu formulieren. Laut einer Umfrage von YouGov und des britischen »Economist« aus dem

Jahr 2021 glauben 40 Prozent der Wähler Joe Bidens, dass die USA beim Thema Minderheitenrechte weltweit zu den Schlusslichtern gehören - eine Auffassung, die nichts mit der Realität zu tun hat. Fast 50 Prozent der demokratischen Wähler sind sogar der Auffassung, dass die USA zu den Staaten zählen, die weltweit Flüchtlinge und Migranten am schlechtesten behandeln. Auch das ist eine groteske Fehleinschätzung.[6]

Nun haben die Vereinigten Staaten ohne Frage Defizite im Umgang mit Minderheiten, und natürlich existiert Feindlichkeit gegenüber Migranten. Nur ist eben auffällig, dass die Wähler Donald Trumps - zumindest teilweise - einen deutlich realistischeren Blick auf die Lage der USA haben als das progressive Lager, in dem sich der Glaube festgesetzt hat, die USA seien ein durch und durch fremdenfeindliches und homophobes Land - eine Auffassung, die man im Ernst nur dann vertreten kann, wenn man die Wirklichkeit durch die Brille einer neuen Religion betrachtet.

Es gehört zum Wesen der politischen Linken, dass sie die Defizite der Gegenwart mit einer helleren, utopischen Zukunft kontrastiert. Das war immer ihre Stärke, und daraus zog sie ihre Energie: die Gründung von Gewerkschaften, das Ende der Sklaverei, das Wahlrecht für Frauen, der Civil Rights Act, die Ehe von Schwulen und Lesben - all das wäre ein Traum geblieben, hätten sich nicht Menschen gefunden, die dafür kämpften. Das Problem beginnt dann, wenn sich die Gegenwartsanalyse von der Realität entkoppelt. Im Februar 2019 erschien im Berliner Ullstein Verlag ein Sammelband prominenter linker Autorinnen und Autoren mit dem Titel »Eure Heimat ist unser Albtraum«. In ihm wird Deutschland als ein Land beschrieben, das ein Heimatideal pflege, »in der Männer das Sagen haben, Frauen sich vor allem ums Kinderkriegen kümmern und andere Lebensrealitäten schlicht nicht vorkommen«, wie es im Vorwort heißt.[7]

Nun hat ein Autor jedes Recht, subjektiv auf ein Land zu blicken, in dem es ganz ohne Frage Rassismus gibt, auch in seiner schrecklichsten Form, wie die Terrorattacken der NSU oder die Morde von Hanau gezeigt haben. Aber wie kann man in einem Buch, das zum Ende der Ära Angela Merkel erschienen ist, zu dem Schluss kommen, in Deutschland hätten nur Männer das Sagen? Wie können sich Frauen »vor allem ums Kinderkriegen kümmern«, wenn die weibliche Erwerbsquote in den vergangenen 30 Jahren von 57 auf rund 72 Prozent angestiegen ist und damit nur noch geringfügig unter der männlichen liegt? Und wenn Deutschland ein »Albtraum« für alle Zuwanderer ist – warum sind dann in den Jahren zwischen 2009 und 2019 140 000 Italiener nach Deutschland gezogen und geblieben, 95 000 Griechen, 24 000 Briten und 6200 Israelis? Warum wollten dann im Jahr 2015 Hunderttausende Menschen aus Syrien, Afghanistan und dem Irak ausgerechnet nach Deutschland? Und warum schrieb damals der israelische Historiker Tom Segev: »Wir sollten von den Deutschen lernen, wie man mit Flüchtlingen umgeht«?

Es gibt eine feine Linie zwischen der Fähigkeit zur Selbstkritik und einer ideologisch motivierten Ignoranz gegenüber der Realität. Wird sie überschritten, schwindet schnell die Zustimmung der Bürger für progressive Projekte. In den USA, aber auch in Deutschland gab es nach dem Mord an George Floyd eine Welle der Unterstützung für Black Lives Matter (BLM). In vielen US-Städten versammelten sich Bürger und schlossen sich der Protestbewegung an. Selbst in Berlin demonstrierten im Juni 2020 Tausende Menschen auf dem Alexanderplatz. In meinem Viertel in Washington steht bis heute praktisch in jedem dritten Vorgarten ein BLM-Schild. Aber der Protest blieb merkwürdig folgenlos. Woran liegt das?

Zu einer der zentralen Forderungen von BLM wurde »Defund the police«, ein Slogan, unter dem manche radikalen Aktivisten die Auflösung ganzer Polizeistationen verstehen. In Minneapolis – der Heimat von George Floyd – gab es den Vorschlag, die Polizei durch ein »neues Modell der öffentlichen Sicherheit« zu ersetzen. Es war eine Forderung, die jeden praktisch denkenden Menschen sofort vor eine einfache Frage stellte: Wen soll ich dann anrufen, wenn sich nachts Einbrecher an der Haustür zu schaffen machen? Als eine CNN-Moderatorin genau das von der Stadtrats-Präsidentin Lisa Bender wissen wollte, erwiderte diese, eine solche Frage könne man nur »aus einer privilegierten Position stellen«. Ein größeres Geschenk hätte Bender den Republikanern im Wahljahr kaum machen können: Eine Stadträtin, die auf großer Bühne eine durch und durch berechtigte Frage nicht beantwortet, sondern stattdessen einen Glaubenssatz der antirassistischen Religion bemüht.

Im Nachhinein betrachtet hat wohl kaum eine Forderung dem demokratischen Lager so geschadet wie »Defund the police«. Nach der Präsidentschaftswahl im November 2020 (die gleichzeitig auch eine Kongresswahl war, bei der die Demokraten 13 Sitze im Repräsentantenhaus verloren haben), beklagte sich die moderate Abgeordnete Abigail Spanberger in einer internen Sitzung, die größte Sorge ihrer Wähler sei gewesen, dass der Polizei die Mittel entzogen würden. Wenn sich die Demokraten einredeten, dass die Kongresswahl 2020 ein Erfolg gewesen sei, »dann werden wir im Jahr 2022 in Stücke gerissen«, prophezeite Spanberger.[8]

Hinter »Defund the police« steckt die Vorstellung, dass die amerikanische Polizei so tief von strukturellem Rassismus geprägt ist, dass Reformen alleine nicht mehr reichen. Nun ist der Begriff des strukturellen Rassismus sicher nicht ganz falsch: In den USA gab es lange eine Gesetzgebung, die Schwarze systematisch benachteiligt hat. Und wenn die Republikaner im Süden der USA Gesetze verabschieden, die das Ziel haben, schwarze Wähler von der Urne fernzuhalten, dann ist dies zweifellos der Versuch, Minderheiten systematisch zu unterdrücken.

Aber ganz offenkundig haben die allermeisten Amerikaner nicht den Eindruck, dass die Polizei der Arm eines rassistischen Unterdrückungsapparates ist. Nur 15 Prozent der Amerikaner wünschen sich laut einer Umfrage aus dem September 2021, dass man der Polizei die Mittel kürzt. Selbst 38 Prozent der Afroamerikaner befürworten eine Stärkung der Polizei - was auch daran liegen dürfte, dass schwarze Amerikaner häufiger in Vierteln wohnen, die von Kriminalität geplagt werden und deshalb auf die Hilfe der Polizei angewiesen sind. Im November 2021 scheiterte selbst in Minneapolis der Plan, die Polizei in ihrer bisherigen Form abzuschaffen, an dem Veto der Bürger.[9]

Es ist ein bemerkenswertes Phänomen, dass in den USA

der Rückzug der institutionellen Religiosität einhergeht mit einer religiösen Aufladung der Politik. Laut einer Gallup-Studie gehörte im Jahr 2020 erstmals in der Geschichte der USA nur noch eine Minderheit der Amerikaner einer Religionsgemeinschaft an: 47 Prozent. Es ist ein dramatischer Rückgang: 1999 waren es noch 70 Prozent.[10] Gleichzeitig fusionierte die republikanische Partei unter Donald Trump buchstäblich mit der evangelikalen Bewegung. Der Präsident, der vor seiner Wahl ins Oval Office offenbar eine Affäre mit einem Pornostar unterhalten hatte, machte sich im Weißen Haus zum Fürsprecher der Anti-Abtreibungsbewegung und bugsierte drei konservative Richter an den US Supreme Court. Die identitätspolitische Linke wiederum versucht ein System durchzusetzen, das Dogmen und Tabus an die Stelle des rationalen Arguments setzt.

Es gehört zum Wesenskern einer Religion, dass sie Glaubenssätze formuliert, die nicht hinterfragt werden dürfen. Die Jungfrauengeburt Marias hält den Erkenntnissen der Biologie ebenso wenig stand wie die Himmelfahrt Mohammeds den Gesetzen der Physik, aber es gehört zum Reiz der Religion, dass sie Mysterien enthält, die dem menschlichen Verstand unzugänglich sind. Ein solches Dogma sind »weiße Privilegien«. Es ist unbestritten, dass weiße Amerikaner von vielen Vorteilen profitieren: Sie wachsen häufiger in begüterten Elternhäusern auf, gehen auf Schulen, die besser ausgestattet sind und werden weniger häufig Opfer von Polizeigewalt. Aber heißt dies im Umkehrschluss, dass jeder Weiße Privilegien genießt, die ihn von Geburt an gegenüber Menschen anderer Hautfarbe bevorteilen?

Bei Licht betrachtet haben die Töchter von Barack

Obama weit bessere Startchancen als die Kinder eines weißen Fließbandarbeiters in Chicago. Die Opioid-Krise in den USA traf über viele Jahre besonders stark weiße Männer. In den USA gibt es zahlreiche Fälle von weißen Professoren, die eine Identität als schwarze oder indigene Amerikaner erfunden haben, weil es so offenkundig leichter war, im akademischen Betrieb aufzusteigen. Im Herbst 2020 etwa flog Jessica Krug auf, die eine glänzende Karriere als Historikerin gemacht hatte und als Professorin an der Georgetown University lehrte. Sie hatte unter anderem behauptet, als Kind schwarzer Eltern in der Bronx aufgewachsen zu sein - war in Wahrheit aber die Tochter einer weißen, jüdischen Familie aus einem Vorort von Kansas City.[11] In den USA machen viele weiße Bewerber für ein College oder eine Universität falsche Angaben über die eigene ethnische Identität, um die Chancen für die Zulassung zu erhöhen - was zeigt, dass es auch Nachteile mit sich bringt, weiß zu sein.[12] Dennoch wird das Dogma der »weißen Privilegien« verteidigt wie das Dogma der jungfräulichen Geburt.

Ähnliches gilt für die Idee, dass es Rassismus gegen Weiße nicht geben kann, weil Rassismus - so die Logik dahinter - ein System sei, dass von weißen Menschen erfunden worden sei, um Menschen anderer Hautfarbe zu unterdrücken. »Rassismus gegen *weiße* Menschen gibt es ... nicht und hat es noch nie gegeben - dazu müssten wir in der Geschichte zurückkreisen und die Machtverhältnisse umkehren, *weiße* Menschen unterdrücken, sie ihrer Subjektivität berauben und an ihrer persönlichen und kollektiven Entwicklung hindern«, schreibt etwa die Soziologin Natasha A. Kelly.[13]

Nun muss man als Deutscher nicht allzu weit in der Geschichte zurückkreisen, um auf eine Zeit zu stoßen, in der weiße Menschen deportiert und in die Gaskammer getrieben wurden. Aber für die Opfer des Holocaust findet sich in der antirassistischen Logik oft kein Platz; die Shoah stört eher, weil sie angeblich den Blick auf die Verbrechen der deutschen Kolonialgeschichte versperrt. Selbst im öffentlich-rechtlichen Rundfunk hat sich dieses Geschichtsbild inzwischen breitgemacht. Rassismus sei immer mit extremer Gewalt durchgesetzt worden, hieß es noch vor Kurzem auf der Internetseite von »Quarks«, einem Internetkanal des WDR. »In der Geschichte gab es jedoch keine vergleichbaren Prozesse, die sich in dieser Art auf Weiße ausgewirkt haben. Weiße Menschen wurden nicht über Jahrhunderte hinweg systematisch versklavt, ermordet - bis hin zur Ausrottung einzelner Gruppen - und ihrer Ressourcen beraubt.« Es sind Sätze, die man nur dann schreiben kann, wenn man die Worte Pogrom und Auschwitz noch nie zur Kenntnis genommen hat.[14] Inzwischen hat der WDR den Satz aus dem Netzartikel verschwinden lassen: »Uns haben viele Fragen und Unverständnis zu der Frage erreicht, ob es Rassismus gegen Weiße gibt«, heißt es in der Korrekturnote. »Deshalb haben wir einige Passagen überarbeitet.«

Zu den Riten der Rassismuskritik gehört die Selbstbefragung, der innere Monolog über die eigenen Verfehlungen. Wer in den vergangenen Jahren aufmerksam liberale Medien gelesen hat, stieß häufig auf diese Selbstanklagen. Der Schriftsteller Friedemann Karig berichtete in der »Süddeutschen Zeitung«, wie er sich mit Hilfe einer Trainerin seinem inneren Rassismus stellte. Es begann mit dem Geständnis der eigenen Privilegien als weißer Mann: »Meine Herkunft, mein Aufstieg durch Bildung, meine Karrierechancen, mein Wohlstand, meine Unbescholtenheit - alles weitgehend vorgezeichnet.« Anschließend rekapitulierte Karig die deutsche Kolonialgeschichte, um dann mit der Introspektion zu beginnen. Er berichtete seiner Trainerin davon, wie er einmal eine Wohnung an einen weißen Mann vermietet hat. »Ein Klassiker«, sagt sie. Er habe nur Stress vermeiden wollen, rechtfertigt sich Karig. »Für strukturellen Rassismus ist deine Intention nicht ausschlaggebend, sondern der Effekt«, erwidert die Trainerin. »In mir bäumt sich etwas auf« so Karig. »Ich will mich wehren. Ich bin kein Rassist. Dann merke ich: Sie hat recht.«[15]

Es ist ein Dialog, der so ähnlich auch in einem Beichtstuhl hätte stattfinden können, nur dass der Sünder vor großem Publikum bekennt. Zur Reue gesellt sich so wie von selbst das Signal, zu einer Gruppe erleuchteter Menschen zu gehören, die nicht nur die eigene Fehlbarkeit kennt, sondern auch bereit ist, sie öffentlich einzuräumen. Die Selbstanklage wird damit zur Selbsterhöhung: »Dass ich hier diesen Text schreiben darf, in dem ich als weißer Mann öffentlichkeitswirksam und angstfrei reflektieren darf, ob ich mich rassistisch verhalte, ist auch so ein Privileg«, schrieb ein Redakteur der »Zeit« in einem Text, der davon handelte, warum er auf »Tinder« fast nur weiße Frauen datet. Es war - wie der Essay Karigs - eine Reise ins Ich, und auch sie endet mit dem Bekenntnis der eigenen Unzulänglichkeit: »Vielleicht habe ich mich also deshalb nie in eine Frau verliebt, deren Eltern aus der Türkei stammen, weil das auf dem Spielplatz immer die waren, die anders sind.«[16]

In den vergangenen Jahren hat sich ein Begriff für diese Art des öffentlichen Bekenntnisses etabliert: »Virtue Signaling« – ein Wort, das man am besten mit Tugendstolz übersetzen kann und das einen eher negativen Unterton hat. Es wäre unfair zu sagen, dass das Bemühen um eine sensible Sprache oder eine einwandfrei antirassistische Haltung immer von Eigennutz getrieben ist. Ich kenne viele Menschen, die sich ernsthaft darum bemühen, jede Windung des progressiven Diskurses nachzuvollziehen und sich eher die Zunge abbeißen würden, als die Frage zu stellen, »Woher kommst du?«, die in Deutschland als Mutter aller Mikroaggressionen gilt.

Andererseits hat die Pose des reuigen Sünders auch enorme Vorteile: Wer seine Privilegien als weißer Mann besonders eifrig reflektiert, hat wenigstens die Zeichen der Zeit erkannt. Es ist schwer genug zu begründen, warum ein weißer, heterosexueller Mann noch Minister, Vorstandschef oder Chefredakteur werden soll. Der einzige Weg, den Makel der eigenen, privilegierten Identität zu heilen, ist der kritische Blick darauf. Die Klage von männlichen weißen Chefs über das Patriarchat ist so gesehen auch ein Trick, der naheliegenden Frage auszuweichen, warum man selbst nicht längst Platz gemacht hat für eine Frau. Oder einen Migranten.

Es liegt auf der Hand, dass eine allzu rigide Religion Abwehrreflexe auslöst. In den USA haben die Republikaner erkannt, welches Potenzial darin steckt, weiße Wähler von dem pauschalen Vorwurf freizusprechen, Nutznießer eines rassistischen Systems zu sein. Ihre Antwort auf den antirassistischen Katechismus der Linken ist die Generalabsolution.

11 CHRIS RUFO ODER: CANCEL CULTURE VON RECHTS

An einem Dienstagabend Anfang November 2021 geht ein schmaler Mann mit dunklen Haaren durch den Ballsaal des Hilton Hotels in Orlando, Florida. Er trägt Pullover und Jeans, was ihn abhebt von den vielen grauhaarigen Herren im Saal, deren Ehefrauen sich fein gemacht haben für das Abschlussdinner der »National Conservatism Conference«. Der 36-Jährige Rufo ist der Star des Abends. Er ballt die Faust, wenn die neuesten Meldungen aus Virginia verkündet werden, wo sich ein Sieg des republikanischen Kandidaten Glenn Youngkin abzeichnet - und zwar auch deshalb, weil Rufo ihm ein so formidables Kampagnenthema verschafft hat: »Critical Race Theory«. Wildfremde Männer klopfen Rufo auf die Schulter, als er später an der Bar des Hotels Hof hält wie ein Präsidentschaftskandidat. Manche Strategen in der republikanischen Partei glauben, Rufo habe die Formel gefunden, mit der die Partei das Weiße Haus zurückerobern kann.

Rufo hat in den vergangenen Jahren eine Karriere hingelegt, wie sie wohl nur in den USA möglich ist. Das Kind eines italienischen Einwanderers hat an der Walsh School of Foreign Service studiert, der Washingtoner Kaderschmiede für die gehobene amerikanische Bürokratie. Aber Rufo zog es nicht in die geordneten Bahnen einer Diplomatenkarriere. Nach dem Studium begann er Dokumentarfilme zu drehen, die ein eher schmales Publikum ansprachen: »Diamond in the Dunes« ist eine rund einstündige Dokumentation im Stil des *cinéma vérité.* Sie erzählt die Geschichte eines Baseballteams in der chinesischen Provinz Xinjiang, das Rufo begleitet hat und in dem muslimische Uiguren und Han-Chinesen in einem Team spielen.

Man kann den Film immer noch auf Amazon ausleihen, und wenn man ihn anschaut, stellt man sich unweigerlich die Frage, wie ein Mann, der noch vor wenigen Jahren einen so stillen und nachdenklichen Dokumentarfilm drehen konnte, zu einem der schrillsten und einflussreichsten Aktivisten der Vereinigten Staaten werden konnte; ein Held des rechten Amerika, der sich in Orlando unter dem Jubel des Publikums mit den Worten vorstellt: »Ich heiße Christopher Rufo, Autor und Dokumentarfilmer, der wahrscheinlich den Lesern der ›New York Times‹ am ehesten als Lügner, Rassist und Propagandist bekannt ist.«

Rufos Aufstieg in das grelle Licht der Öffentlichkeit beginnt am 2. September 2020 - zwei Monate vor der US-Präsidentschaftswahl - mit einem Auftritt in der Sendung »Tucker Carlson Tonight«. Carlson ist der Star des rechten Fernsehsenders »Fox News«, und zu den Zuschauern seiner Show gehört regelmäßig auch Donald Trump. Rufo weiß, dass ihn der Auftritt in ganze neue Sphären katapultieren kann, weshalb er, wie er später erzählen wird, jeden Satz einstudiert. »›Critical Race Theory‹ ist im Kern zur Standard-Ideologie der gesamten Bürokratie auf Bundesebene geworden«, sagt Rufo in der Sendung. »Nun wird sie zu einer Waffe geschmiedet, die gegen das Volk eingesetzt werden soll.« Am folgenden Tag klingelt Rufos Telefon. Am anderen Ende der Leitung ist Mark Meadows, der Stabschef des Präsidenten, der in Trumps Auftrag anruft und Rufo darum bittet, dem Weißen Haus beim Kampf gegen »Critical Race Theory« behilflich zu sein. Ein Wunsch, dem Rufo gerne nachkommt.[1]

»Critical Race Theory« sei zunächst nur ein Beifang bei seinen Recherchen über die grassierende Obdachlosigkeit in den demokratisch regierten Städten an der amerikanischen Westküste gewesen, sagt mir Rufo in Orlando. Ein Informant, der anonym bleiben wollte, habe ihm Dokumente über Antirassismus-Trainings für Bedienstete der Stadt Seattle zugespielt. Die weißen Angestellten sollten darüber nachdenken, so heißt es in den Unterlagen, wie ihre Familien »ökonomisch von einem System weißer Vorherrschaft profitiert haben, obwohl es direkt und gewaltsam schwarzen Menschen, People of Color oder indigenen Menschen schadet«.[2]

Rufo wollte eigentlich das Thema »Critical Race Theory« nur streifen. Aber er begriff schnell, auf welche Goldader er gestoßen war. »Critical Race Theory ist der perfekte Bösewicht«, sagt Rufo. Die Linke in den USA sei immer geschickt darin gewesen, kontroverse Vorhaben unter dem Mantel einer solidarischen Sprache zu verbergen: »Wer ist schon gegen Diversität? Inklusion? Soziale Gerechtigkeit? Klingt großartig!«

»Critical Race Theory« jedoch klingt nicht nach Gemeinsinn und Gerechtigkeit, sondern es schwingt etwas Revolutionäres mit: der Wunsch, die Verhältnisse auf den Kopf zu stellen. Und das Beste für Rufo: »Critical Race Theory« ist kein Kampfbegriff der amerikanischen Rechten, sondern stammt aus der Feder von progressiven Juristen wie Kimberlé Crenshaw oder Richard Delgado, die das Konzept vor mehr als 30 Jahren entwickelt haben.

Es sei ein riesiger Fehler der Linken gewesen, einen Begriff wie »Critical Race Theory« in die Debatte einzuführen, so Rufo. »Wir mussten uns nicht mit der weicheren, euphemistischen Sprache herumschlagen. Denn es ist eine Sache, Eltern und Schulbezirken zu sagen: ›Ihr müsst euch gegen Diversität und Inklusion wehren.‹ Das ist - schon allein wegen der Sprache - eine verlorene Schlacht. Aber wenn man sagen kann: das, was an der Schule gelehrt wird, ist eine Ableitung von ›Critical Race Theory‹, bringt uns das auf die Siegerstraße.« Die andere Seite habe dann keine Möglichkeit mehr, die Dinge zu vernebeln und zu verschleiern.

Rufo hat inzwischen Dutzende Artikel publiziert, die zeigen sollen, welche Blüten die »Critical Race Theory« in Verwaltung, Schulen und Unternehmen treibt. Er veröffentlichte Dokumente, aus denen hervorgeht, wie Drittklässler in einer Grundschule in Cupertino, Kalifornien - einer der reichsten Gemeinden der USA - dazu gebracht werden sollten, zunächst ihre soziale Identität zu bestimmen: Ethnie, ökonomische Stellung (»Oberklasse, Mittelklasse, Arbeiter-klasse«) und Geschlecht (»männlich, weiblich, non-binär, cisgender, transgender«). In einem zweiten Schritt war vor-gesehen, dass die Kinder selbst bestimmen, ob sie Teil der »dominanten Kultur« sind. Zu deren Eigenschaften gehö-ren laut Lehrplan: »Weiß, Mittelklasse, cisgender, gebildet, Mensch ohne Behinderung, christlich, englischsprachig«.[3]

Einer der häufigsten Vorwürfe gegen Rufo lautet, dass er aus einer akademischen Idee ein politisches Kampagnen-thema geformt habe. Es ist ein Anwurf, mit dem Rufo bes-tens leben kann: Er nimmt ihn voll an. Im März 2021 be-schrieb er auf Twitter, was er mit seinem Aktivismus erreichen will: »Das Ziel ist, dass die Leute etwas Verrück-tes in der Zeitung lesen und sofort denken: ›Critical Race Theory‹.« Rufo hat den Tweet bis heute nicht gelöscht.[4]

Man tut Rufo kein Unrecht, wenn man ihn einen Dema-gogen nennt. Er will zuspitzen und dramatisieren, daraus macht er kein Geheimnis. Mehr als einmal wurde ihm der Vorwurf gemacht, dass er die Fakten verdreht, damit sie in seine Erzählung passen. Aber anders als viele rechte Akti-visten bedient er nicht nur die eigene Filterblase. Er spricht mit der »New York Times«, der »Washington Post« und dem »New Yorker«. Seine Rhetorik ist häufig vollkommen überdreht, aber er hätte nicht einen solchen Einfluss ge-wonnen, wenn seine Enthüllungen nicht einen realen Kern besäßen. Es ist ihm gelungen, den Zusammenhang zwi-schen der abstrakten Idee der »Critical Race Theory« und einer antirassistischen Denkschule herzustellen, die in den vergangenen Jahren in amerikanische Schulen, Behörden und Unternehmen eingesickert ist.

Die Vertreter der »Critical Race Theory« haben versucht, Rufo als einen rechten Brandstifter darzustellen, der den Einfluss der Theorie maßlos übertreibe. Im Grunde hätten sich die Anhänger der »Critical Race Theory« nur darauf einigen können, dass der Rassismus in den USA nach dem Ende der Rassentrennung nicht verschwunden sei, sagte Richard Delgado, Jura-Professor an der University of Alabama, meiner Kollegin Alexandra Rojkov. »Mehr ist da nicht.«[5] Crenshaw wiederum beschrieb »Critical Race Theory« als ein Konzept, das die staubige Welt der juristischen Seminarräume nie wirklich verlassen habe. Was Leute wie Rufo betrieben, sei »red-baiting«, sagte sie - also der Versuch, »Critical Race Theory« als kommunistisches Teufelszeug zu verunglimpfen.[6]

Rufo grub daraufhin den Videomitschnitt einer Konferenz aus dem Jahr 2019 aus, in dem Crenshaw »Critical Race Theory« in die Tradition der marxistisch geprägten »Kritischen Theorie« stellt.[7] Später verbreitete er ein Interview Crenshaws, in dem diese erklärt: »Critical Race Theory ist jetzt ein riesiges Gefäß für antirassistische Arbeit und antirassistische Bildung.« Es erinnert an das Rennen zwischen dem Hasen und dem Igel. Wann immer die Vertreter der »Critical Race Theory« behaupten, dass sie doch nur ein akademisches Denkmodell geschaffen haben, kramt Rufo ein Dokument hervor, das zeigt, wie sehr es das Denken in Behörden, Schulen und Universitäten prägt.

Rufos Kampagne war ein Erfolg, das würden nicht einmal seine Gegner bestreiten. Die Republikaner wären bei der Gouverneurswahl in Virginia wohl nicht so erfolgreich gewesen, hätte Rufo nicht den Boden dafür bereitet. Seine

Thesen hätten nicht verfangen, gäbe es nicht realen Ärger über einen dogmatischen Antirassismus, der zuerst weite Teile des akademischen Lebens der USA gekapert hat und von dort aus den Siegeszug antrat: in Behörden, in großen Unternehmen und nun auch in staatlichen Schulen. Es ist wenig glaubhaft, so zu tun, als würde diese Ideologie nicht auch das Bildungswesen erfassen, wenn die zuständige Schulbehörde in Virginia eine Lektüreempfehlung herausgegeben hat, die unter anderem DiAngelos Bestseller »White Fragility« enthält, in dem jeder weiße Amerikaner zu einem Komplizen eines rassistischen Systems erklärt wird.

Doch Rufo ist inzwischen längst mehr als nur ein Kritiker der »Critical Race Theory«. Er hat etlichen republikanisch regierten Bundesstaaten dabei geholfen, Gesetze auf den Weg zu bringen, um die Theorie aus den Schulen zu verbannen. Rufo ist regelmäßiger Gast bei Tucker Carlson, dem wohl effektivsten Propagandisten Donald Trumps. Und er scheut sich nicht, offen für die Republikaner Partei zu ergreifen. Das rückt Rufo in eine paradoxe Position: Wenn er den illiberalen Kern der »Critical Race Theory« kritisiert, wie kann er dann eine Partei unterstützen, die die Lüge der gestohlenen Präsidentschaftswahl verbreitet?

Rufo sagt, er sei »flexibel und/oder agnostisch«, was politische Allianzen angehe. Wenn man ihn fragt, ob die Präsidentschaftswahl 2020 gestohlen worden sei, sagt er zunächst: »Ich weiß es nicht.«

Im Ernst?

Er schiebt dann nach, dass er keine Beweise dafür kenne, dass die Wahl gestohlen worden sei. »Trump hat die Wahl verloren.« Aber man merkt an seiner zögerlichen Reaktion, auf welch dünnem Seil er balanciert. Seine neue Heimat ist die republikanische Basis, und dort fällt jeder schnell in Ungnade, der sagt, Joe Biden sei der rechtmäßige Präsident. Wenn man Rufo richtig versteht, wünscht er sich, dass Trump Pensionär in Mar-a-Lago bleibt. »Trump war ein Rammbock«, sagt Rufo. Ein Mann, dessen Funktion es gewesen sei, das alte republikanische Establishment zu zertrümmern. Nun sei es für die Republikaner an der Zeit, nach vorne zu blicken. Das allerdings ist ein frommer Wunsch. Der Ex-Präsident hat sich die Partei untertan gemacht, und im Moment spricht Vieles dafür, dass Trump bei der Wahl im Jahr 2024 noch einmal antreten will. Und selbst wenn er verzichten würde, ist die Partei in weiten Teilen von dem antidemokratischen Virus der Trump-Jahre infiziert. Es ist schwer vorstellbar, dass die Republikaner in einen Zustand zurückkehren, in dem sie ohne Wenn und Aber eine Wahlniederlage akzeptieren.

Er halte die Angst vor einem Kollaps der amerikanischen Demokratie für übertrieben, sagt Rufo. Selbst am 6. Januar 2021, als Trump-Fans das Kapitol stürmten, sei diese nicht wirklich in Gefahr gewesen. »Es war ein Desaster und moralisch falsch. Aber die Idee, dass der QAnon-Schamane Präsident wird? Es war die Simulation eines Staatsstreiches, dahinter stand keine echte politische Macht.« Aber hat nicht Trump selbst den Mob angefeuert? »Er wird nicht zu einem Diktator werden«, so Rufo. Es ist schwer zu sagen, ob er das selbst glaubt.

Sicher ist dagegen, dass ihn die Kampagne gegen die »Critical Race Theory« zu einem gut verdienenden Mann gemacht hat. Für den ehemaligen Dokumentarfilmer ist sie zur Lebensgrundlage geworden. Rufo ist in den vergangenen zwei Jahren zu einem der erfolgreichsten Unternehmer im Empörungs-Business geworden. In Orlando wird er von einem Assistenten begleitet, der ihm stets zu Diensten ist. Auf seiner Homepage bietet er seinen Fans Infopakete an, damit sie sich jederzeit auf dem Laufenden halten können. Sie kosten je nach Umfang fünf bis zehn Dollar pro Monat. Großspender können aber auch direkt einen Scheck an Rufo schicken. »Ich bin ein Kapitalist«, sagt Rufo. »Manche Leute wollen gut sein, wollen bewundert werden, wollen auf der richtigen Seite stehen.« Sein Ziel sei es, Einfluss zu nehmen. Warum sollte er sich dafür entschuldigen, in der Sendung des Krawallmoderators Tucker Carlson aufzutreten, solange die Einschaltquote stimmt? Wenn man in den USA kein Linker sei, sei man auf die Reichweite eines Senders wie Fox News angewiesen, so Rufo. Er lebt inzwischen in einer Art Symbiose mit dem rechten Fernsehkanal.

Solange keine Kamera läuft, spricht Rufo ruhig und reflektiert über die berechtigte Enttäuschung vieler schwarzer Amerikaner über ihr Land. Es liege auf der Hand, dass der Civil Rights Act von 1964 und Lyndon B. Johnsons Politik der »Great Society« nicht die erwünschten Erfolge hervorgebracht hätten. Insofern könne er die Frustration verstehen, aus der die »Critical Race Theory« entstanden sei. Doch steht er auf einer Bühne, dann spricht er, als würde der finale Kampf zwischen Gut und Böse ausgetragen. »Was wir gerade erleben, ist eine große Revolte gegen amerikanische Institutionen, die nicht länger amerikanischen Interessen dienen«, sagte er bei seiner Rede auf der »National

Conservatism Conference« in Orlando unter dem Jubel des Publikums.

Rufo bedient dasselbe manichäische Weltbild, das er seinen Gegnern auf der Linken vorwirft. In ihm gibt es nur Schwarz und Weiß, Gut und Böse. Politik sei eine Schlacht, sagte Rufo. »Das war schon immer so.« Wie so viele Männer, die in den vergangenen Jahren in die politischen Schützengräben gestiegen sind, rechtfertigt sich auch Rufo mit der amerikanischen Geschichte, die schon viel blutigere Zeiten gesehen habe. Er erinnert an Alexander Hamilton und Aaron Burr, die sich so leidenschaftlich hassten, dass es schließlich zum Duell kam - das für Hamilton, einem der Gründerväter der USA, mit einem tödlichen Bauchschuss endete.

Wo soll das hinführen?

Rufo hat eine Bewegung geschaffen, die mindestens so illiberal ist wie die Ideologie, die er bekämpfen will, ihre Ziele aber mit den Mitteln des Staates durchsetzen kann. Die Republikaner klagen lautstark über eine linke »Cancel Culture«. Aber gleichzeitig haben sie laut einer Übersicht der »Education Week« aus dem Mai 2022 in 17 Bundesstaaten Regelungen durchgesetzt, die entweder dafür sorgen sollen, dass »Critical Race Theory« nicht mehr gelehrt wird - oder aber die Möglichkeiten beschneiden, über Rassismus zu sprechen.[8] Im Frühjahr 2021 verabschiedete Tennessee ein solches Gesetz. Es soll Lehrer daran hindern, Inhalte zu unterrichten, die Schüler dazu bringen könnten, wegen ihrer Hautfarbe oder ihres Geschlechts Schuld, Angst oder andere Formen der »psychischen Belastung« zu verspüren. Aber wie lässt sich die Geschichte der Sklaverei erklären und gleichzeitig garantieren, dass weiße Schüler dabei keine Scham empfinden?[9]

Viele republikanisch regierte Bundesstaaten wollen inzwischen genau festlegen, was Schüler noch lesen dürfen. In Tennessee strich die Schulbehörde des Bezirks McMinn den Holocaust-Komik »Maus« wegen Obszönität aus dem Lehrplan – ein Buch, das im Jahr 1992 den Pulitzerpreis gewonnen hatte.[10] In Florida verabschiedete der republikanisch kontrollierte Senat ein Gesetz, das Lehrern verbietet, Kinder bis zur dritten Klasse über sexuelle Orientierung und Geschlechtsidentität zu unterrichten.[11] In Texas verfasste der Kongressabgeordnete Matt Krause eine Liste mit 850 Büchern, die er nicht mehr in den Regalen staatlicher Schulen sehen will: unter anderem Werke von Margaret Atwood, Ta-Nehisi Coates und Ibram X. Kendi, ironischerweise aber auch das Buch »Cynical Theories« von Helen Pluckrose und James Lindsay – eine scharfe Kritik der identitätspolitischen Linken.[12]

Man mag darin die Willkürlichkeit der Liste erkennen, aber das nimmt den Einschüchterungsversuchen nicht die Kraft. Der texanische Gouverneur Greg Abbott schrieb Anfang November 2021 einen Brief an die texanische Schulbehörde und verlangte, »pornografische und obszöne« Bücher aus den öffentlichen Schulen zu verbannen – ohne allerdings zu sagen, welche genau er meint. Fast gleichzeitig hat Texas ein Gesetz verabschiedet, das Lehrer anweist, die Geschichte der Sklaverei in den USA nur als Abweichung und Betrug an den Gründungsprinzipien der Vereinigten Staaten zu lehren – was schwierig sein dürfte, weil sowohl George Washington als auch Thomas Jefferson Sklaven besaßen, also der erste und der dritte Präsident der USA.

Insofern hat sich Rufo zum Instrument einer Partei gemacht, die beim Verfassen von Zensurgesetzen einen erstaunlichen Eifer an den Tag legt. Wenn er für eine Freiheit kämpft, dann ist es die der republikanischen Partei, den USA ihre Weltsicht aufzuzwingen.

12 IDENTITÄTSPOLITIK ODER: WIE SICH DIE LINKE IHR GRAB SELBST SCHAUFELT

Ein häufiger Einwand gegen Kritik an linker Identitätspolitik lautet: Wo bitte liegt der Schaden? In Deutschland ist weit und breit keine Figur wie Chris Rufo in Sicht, der mit einer Kampagne gegen Gendersternchen und Antirassismus-Kurse die Massen mobilisieren würde. Die AfD ist weit davon entfernt, so mächtig zu werden wie die Republikaner in den USA. Und was hat es mit der Meinungsfreiheit in Deutschland zu tun, wenn ein Magazin wie die »New York Review of Books« den Chefredakteur auswechselt? Wer, bitte schön, wurde im deutschen Journalismus gecancelt?

Ich habe nicht wenige Freunde und Kollegen, die so denken. Manche sind genervt von der sprachlichen Empfindlichkeit, die sich in den vergangenen Jahren breitgemacht hat. Sie rollen mit den Augen, wenn ihnen das Rechtschreibprogramm anzeigt, dass »Flüchtling« ein sensibler Begriff ist, auf den man besser verzichten sollte. Sie finden es lächerlich, wenn über die Schriftstellerin J. K. Rowling ein Shitstorm hinwegrollt, wenn sie anmerkt, dass es für »Menschen, die menstruieren« doch ein geläufigeres Wort gebe. Sie machen sich darüber lustig, wenn »Fridays for Future« eine weiße Sängerin auslädt, weil sie Dreadlocks trägt.

Aber sind das nicht Petitessen, wenn man auf das größere Bild schaut? Geht es nicht darum, sagen meine Freunde, den Kampf gegen Rassismus aufzunehmen? Gegen die Diskriminierung von Frauen und Transgender? Und bringt nicht jede Umwälzung notwendigerweise auch Ungerechtigkeiten und Übertreibungen mit sich, die man im Namen der höheren Sache akzeptieren muss? Fallen, wo gehobelt wird, nicht Späne?

Es ist ein Argument, über das es sich nachzudenken lohnt. Als ich Ende 2004 beim SPIEGEL anfing, gab es unter den 21 Redakteuren im Berliner Hauptstadtbüro eine einzige Frau. In seiner damals schon fast 60-jährigen Geschichte hatte der SPIEGEL noch nie eine Chefredakteurin, im Impressum von Heft 53/2004 findet sich eine einsame Ressortleiterin. Die Bundesrepublik hatte zu jener Zeit sieben männliche Kanzler in Folge erlebt, die USA 43 männliche Präsidenten. Die populären Filme und Serien aus den USA, mit denen ich (Jahrgang 1974) groß geworden bin, kamen praktisch ohne schwarze Schauspieler aus: Top Gun, Indiana Jones, Pretty Woman, Dirty Dancing, Sex and the City.

Der Kampf um Gleichberechtigung ist auch der Kampf um Repräsentation; es geht, ganz einfach gesprochen, um die Teilhabe an der Macht und die Verteilung von Ressourcen.

Dieser Kampf ist legitim, und er muss auch mit robusten Mitteln geführt werden. Hätte es keinen Druck gegeben – von außen wie intern –, gäbe es beim SPIEGEL heute nicht über 20 Frauen in redaktionellen Führungspositionen. Ihre Verteidiger auf der Linken sagen, Identitätspolitik komme derzeit nur deshalb unter Beschuss, weil sich ihrer nun auch Menschen bedienen, die über viele Jahre nicht am Tisch der Macht saßen: Frauen, Transgender, Migranten. Alle anderen hätten immer wie selbstverständlich Identitätspolitik betrieben. Das Argument ist nicht falsch.

Ich habe als Journalist fast 20 Jahre lang über die CSU geschrieben, deren Erfolgsmodell immer auf Identitätspolitik beruhte. Ich war auf unzähligen »weiß-blauen Stammtischen« in der bayerischen Landesvertretung in Berlin, wo Weißwürste und süßer Senf gereicht wurden, während CSU-Männer (und es waren fast immer Männer) die Anliegen des Freistaates erklärten. Seit Gründung der Bundesrepublik melden die Bayern ihre Spezialinteressen an, die sie mit einer Mischung aus Größenwahn und Gereiztheit durchsetzen. Als nach der Bildung der Ampelkoalition im Dezember 2021 feststand, dass kein einziger Minister aus Bayern am Kabinettstisch sitzen wird, hätte die Empörung in München nicht größer sein können.

Das Beispiel der CSU illustriert den Erfolg, aber auch die Grenzen von Identitätspolitik. Sie kann enorm mobilisieren, wie man in Bayern sieht, wo die CSU seit über 60 Jahren den Regierungschef stellt. Aber sie kann auch sehr abstoßend wirken, was man an der Tatsache ablesen mag, dass es trotz zweier Anläufe nie ein CSU-Mann geschafft hat, zum Bundeskanzler aufzusteigen. Sowohl Edmund

Stoiber als auch Franz Josef Strauß waren mit ihrem offensiv vorgetragenen alpenländischen Selbstbewusstsein vielen Deutschen jenseits des Mains suspekt. Wer in der Politik ganz nach oben will, lässt von Identitätspolitik lieber die Finger.

Angela Merkel hat sich über die längste Strecke ihrer Amtszeit nicht als Feministin bezeichnet, was ihr in der Frauenbewegung viel Kritik eingetragen hat. Sie hat sich auch nicht zur Kanzlerin der Ostdeutschen ausgerufen, was viele in den neuen Bundesländern als Verrat betrachteten. Aber Merkel war nicht daran interessiert, sich zu einem Symbol zu erklären. Was sie interessierte, war Macht - mit der dann ganz von alleine die Symbolkraft der ersten weiblichen und ostdeutschen Kanzlerin kam. Barack Obama achtete bei seiner Präsidentschaftskampagne peinlich genau darauf, das weiße Amerika nicht zu verschrecken. Während seines Wahlkampfes kritisierte er die schwarze Community in den USA, was ihm den Vorwurf eintrug, er werfe sich Rassisten an den Hals. Aber sein Sieg am 4. November 2008 war ein historischer Triumph für das schwarze Amerika - den er auch dadurch errang, dass er Staaten im Mittleren Westen für sich holte, die acht Jahre später reihenweise an Donald Trump fallen sollten: Iowa, Ohio, Pennsylvania, Michigan und Wisconsin.

Es gibt für Trumps Wahlsieg keine einfache Erklärung. Aber eine wichtige Rolle spielte die Tatsache, dass die Demokraten seit Beginn der Neunzigerjahre immer mehr den Charakter einer Arbeiterpartei verloren haben. Nichts offenbarte die Entfremdung von Teilen ihrer ehemaligen Wählerschaft mehr als das Wort von Hillary Clinton von den sexistischen und rassistischen »Deplorables«, den »Erbärmlichen«, die nun an den Lippen Trumps hingen. Man muss sich nur noch einmal das Video von jener »LGBT for Hillary«-Spendengala im September 2016 in New York ansehen, um zu verstehen, warum es für die Demokraten schiefging: Es ist nicht nur die offene Verachtung, die aus Clinton spricht. Mindestens genauso bezeichnend sind die Lacher im Publikum, als Hillary von den »Deplorables« redet. Sie dokumentieren ein heiteres Einvernehmen, dass man mit dem Pöbel in den »flyover states« im Mittleren Westen nichts zu tun haben will – woraufhin der sich die Freiheit nahm, für Donald Trump zu stimmen.[1]

Es war Trumps große diabolische Leistung, dass er den ehemaligen Wählern der Demokraten eine neue Heimat und eine eigene Identität verschafft hat. Ich war in den vergangenen Jahren auf mehr als einem Dutzend Veranstaltungen mit Trump, und auf jeder sah ich Männer und Frauen, die das Wort »Deplorable« wie eine Auszeichnung auf dem T-Shirt oder der Baseball-Kappe trugen. Sie haben die Beleidigung angenommen und zu einem Symbol ihres Stolzes umfunktioniert. Wenn man so will, versorgen sich das linke Amerika und die Trump-Basis gegenseitig mit negativer Energie. Beide Lager verachten sich, doch die wechselseitigen negativen Gefühle wirken auch ungeheuer vitalisierend.

Der amerikanische Autor David Brooks hat diese Dynamik im Magazin »The Atlantic« sehr anschaulich anhand einer Bootsparade von Trump-Fans im Sommer 2021 in Michigan beschrieben. Einer der Teilnehmer, ein junger Trump-Anhänger mit MAGA-Kappe, sagte: »Wir werden immer als Rassisten und Frömmler bezeichnet. Es gibt eine

Menge Amerikaner, die Donald Trump lieben. Aber uns stehen nicht die medialen Plattformen der Demokraten zur Verfügung, auch nicht Big Tech. Also müssen wir das hier tun.« Währenddessen stand auf einer Brücke über der Boots-Parade ein junger linker Aktivist und sagte über die Trump-Fans: »Sie bedienen sich eher einer induktiven als einer deduktiven Argumentation. Sie sammeln nur Informationen, die ihre Vorurteile bestätigen.« Wer ist nun elitärer, fragte Brooks in seinem Essay spöttisch: Der Typ in dem Angelboot oder der junge Demonstrant mit seiner elaborierten Wortwahl?[2]

Man muss Joe Biden zugutehalten, dass er die politischen Kräfte hinter der Wahl Trumps verstanden hat. Er hat sich als ein Mann aus einfachen Verhältnissen präsentiert, dem die Main Street am Herzen liegt, nicht die Wall Street. Das allerdings kann man nicht von allen Teilen der demokratischen Partei behaupten. Als Biden Kamala Harris zu seiner Vizepräsidentin ausrief, kannte die Begeisterung im progressiven Lager keine Grenzen. Bei der Siegesfeier nach der Wahl am 3. November stand Harris in einem weißen Hosenanzug auf einer Bühne in Delaware und sprach darüber, dass sie bald die erste schwarze Vizepräsidentin der USA sein wird. »Jedes kleine Mädchen, das heute Abend zuschaut, erkennt: Dies ist ein Land der Möglichkeiten«, sagte Harris. »Träumt mit Ehrgeiz, führt mit Überzeugung. Seht euch, wie andere euch nicht sehen.«

Die Sätze waren als Ermunterung für junge Frauen in Amerika gedacht, aber Harris sprach auch über sich selbst, die in ihrem Leben so oft die Erste war: erste Generalstaatsanwältin von Kalifornien, erste schwarze Senatorin von der

Westküste, nun bald die erste Vizepräsidentin im Weißen Haus. Nur etwas Glück, so schien es an jenem Abend, und sie würde später Biden beerben, der im Wahlkampf schon hatte durchschimmern lassen, dass er mit Ende 70 nur ein Übergangspräsident sein wird.

Doch in der Szene steckte schon der Keim des Untergangs. Der weiße Hosenanzug, den Harris trug, war als Reverenz an die weißen Kleider der Suffragetten gedacht, die Anfang des 20. Jahrhunderts in den USA das Wahlrecht für Frauen erkämpft hatten. Aber es war auch ein über 3000 Dollar teures Designerstück von Carolina Herrera, und so konnte man Harris auch durch eine andere Brille betrachten: als Vertreterin einer liberalen, akademisch gebildeten Westküstenelite, die mit dem abgehängten Amerika des Mittleren Westens so viel zu tun hat wie Beverly Hills mit Youngstown, Ohio.[3]

Kaum war Harris im Amt, stürzten ihre Umfragewerte dramatisch ab, und heute glaubt so gut wie niemand in der demokratischen Partei, dass sie Biden beerben kann. Viele Demokraten sehen dies als Ergebnis einer latenten Frauenfeindlichkeit, die sie auch für die Niederlage Hillary Clintons verantwortlich gemacht haben. Allerdings lässt sich mit dieser Theorie nur schwer erklären, warum es republikanische Politikerinnen wie Sarah Palin oder Kristi Noem in so konservativen Staaten wie Alaska und South Dakota geschafft haben, zur Gouverneurin aufzusteigen. Deutlich plausibler ist die Erklärung, dass Harris in jene identitätspolitische Falle getappt ist, die Merkel und Obama so sorgsam vermieden hatten.

Es gibt im linken Lager eine bequeme Erklärung für den

Aufstieg Trumps. In dieser Lesart drückt sich in seiner Präsidentschaft das letzte Aufbäumen des weißen, christlichen und patriarchalen Amerikas aus, das sich verzweifelt gegen den Machtverlust stemmt. Sie hat allerdings nur sehr bedingt etwas mit der Realität zu tun. Laut einer ausführlichen Wahlanalyse des Pew-Instituts konnte Trump bei der Wahl 2020 vor allem bei jenen Wählern zulegen, die er doch angeblich von der Macht fernhalten will: Latinos, Schwarze und Frauen. Stimmten im Jahr 2016 noch 28 Prozent aller hispanischen Amerikaner für Trump, waren es vier Jahre später 38 Prozent. Auch bei schwarzen Wählern konnte der Republikaner leichte Gewinne verzeichnen. Was Biden den Sieg bescherte, war in erster Linie der Sinneswandel unter weißen Männern, bei denen die Demokraten um acht Prozentpunkte zulegen konnten, während bei weißen Frauen die Sympathie für Trump noch wuchs: 53 Prozent gaben ihm die Stimme, verglichen mit 47 Prozent im Jahr 2016.[4]

Meine These ist: Linke Identitätspolitik schadet vor allem der politischen Mitte und dem aufgeklärten Lager. Sie hilft einem bestimmten politischen Milieu, sich selbst zu vergewissern und sich in der Meinung zu bestärken, mit einer höheren Moral ausgestattet zu sein. Die Dogmen und Glaubenssätze in dieser kleinen Blase aber sind so rigide, dass sie auf eine Mehrheit der Wählerinnen und Wähler abstoßend wirken - und zwar ganz unabhängig von Geschlecht und Hautfarbe.

Jeder Demokrat, der sich gendersensibel ausdrücken möchte, nennt hispanische Amerikaner inzwischen nicht mehr »Latinos«, sondern »Latinx« - von der New Yorker

Kongressabgeordneten Alexandria Ocasio-Cortez bis zur ehemaligen demokratischen Präsidentschaftskandidatin Elizabeth Warren. Allerdings zeigt eine Umfrage des Pew-Instituts, dass nur drei Prozent der hispanischen Amerikaner den Begriff verwenden. Als Ruben Gallego, ein demokratischer Kongressabgeordneter aus Arizona, gefragt wurde, wie seine Partei Latinos für sich überzeugen könne, schrieb er: »First start by not using the term Latinx.«[5]

Wörter und Akronyme wie »Latinx«, »BIPoC (Black, Indigenous and People of Color) oder »Geflüchtete« sollen inklusiv sein, um im Jargon des progressiven Milieus zu bleiben, aber sie sind eben auch ein Distinktionsmerkmal. Wer auf Twitter seine Pronomen (»she/her«) angibt, arbeitet eher nicht bei Walmart an der Kasse. Der Glottisschlag ist in der Frühschicht einer Autofabrik eher selten zu hören. Die Sprache der Inklusion ist so gesehen auch ein Mittel, sich über den ungebildeten Pöbel zu erheben - und ein Weg, jene zu verdammen, die leider zu beschäftigt waren, die letzte Windung des progressiven Diskurses mitzubekommen. Barack Obama hat schon 2019 jenen »woken« Hochmut beklagt, der sich unter jungen Akademikern breitmache. Bei einer Debatte mit linken Aktivisten sagte er: »Wenn ihr bloß mit Steinen werft, werdet ihr wahrscheinlich nicht weit kommen. Denn das ist zu einfach.«[6]

Wie ist es zu erklären, dass eine Partei damit beginnt, die eigene Wählerschaft zu verachten? Es ist ein spezielles Phänomen der politischen Linken, dass sie zum Opfer ihres eigenen Erfolges wird. Das Versprechen der SPD in der Bundesrepublik war Aufstieg durch Bildung. Es war ein Projekt, das Millionen Menschen den Zugang zu

Gymnasien und Universitäten eröffnete und das die Sozialdemokraten in den Siebzigerjahren des vergangenen Jahrhunderts zur Partei des aufstiegsorientierten akademischen Milieus gemacht hat.

Dieser Wandel aber veränderte nicht nur die Bundesrepublik, sondern auch die SPD selbst. Aus der Parteiführung verschwanden Männer wie Holger Börner, der nach dem Krieg eine Ausbildung zum Betonfacharbeiter gemacht hatte und der sich noch als hessischer Ministerpräsident gänzlich unakademisch ausdrückte. »Ich bedauere, dass es mir mein hohes Staatsamt verbietet, den Kerlen selbst eins auf die Fresse zu hauen«, sagte er einmal über die Protestanten gegen die Frankfurter Startbahn West. Doch Börner war kein tumber Prolet. Er war der erste sozialdemokratische Ministerpräsident, der ein Bündnis mit den Grünen einging. Nur redete er nicht nur über das Milieu, für das die SPD Politik machen wollte, sondern er stammte auch aus ihm. Nie wäre er auf die Idee gekommen, die Nase zu rümpfen über die manchmal eher grobe Wortwahl am Fließband oder in einer Großkantine.

Die Akademisierung der SPD hatte nicht nur zur Folge, dass der Führung die alte Wählerschaft suspekt wurde. Sondern sie sorgte auch dafür, dass plötzlich neue Themen wichtig wurden. Im Bundestagswahlkampf 2021 unterstützte die Rapperin Lady Bitch Ray die SPD-Führung – eine Frau, die einem breiteren Publikum bekannt wurde, als sie dem Komiker Oliver Pocher während der Harald-Schmidt-Show ein Döschen mit Vaginalsekret übergab. »Zu Feminismus gehört es auch, sich von den binären Geschlechterkonstruktionen zu trennen«, twitterte der SPD-Vorstand, als die promovierte Linguistin mit dem Kanzlerkandidaten Olaf Scholz diskutierte.[7] Es dürfte die meisten SPD-Wähler überraschen, dass die Einteilung der Menschen in Mann und Frau eine gestrige Vorstellung sein soll. Aber der SPD-Spitze steht die Rapperin, zu deren musikalischem Werk unter anderem der Song »Deutsche Schwänze« gehört, offenbar deutlich näher als Männer wie Wolfgang Thierse, der 15 Jahre lang stellvertretender Parteivorsitzender war. Als der ehemalige Bundestagspräsident im Februar 2021 einen Gastbeitrag in der »Frankfurter Allgemeinen Zeitung« veröffentlichte, in dem er vor den Gefahren einer linken Identitätspolitik warnte, war nicht nur im Netz die Empörung groß, sondern auch im Willy-Brandt-Haus. Sie seien »beschämt« von den »Aussagen einzelner Vertreter(*)innen der SPD«, schrieben Parteichefin Saskia Esken und der damalige Juso-Chef Kevin Kühnert.

Es ist schwer, den ehemaligen DDR-Bürgerrechtler Thierse in eine konservative Ecke zu stellen. Und im Zweifel steht er mit seiner Kritik an einer »gendergerechten« Sprache den Wählern der SPD näher als Esken und Kühnert. Es spricht enorm viel dafür, dass Thierse mit seiner These recht hat, dass eine Politik, die sich in »Meinungsbiotope« zurückzieht, insbesondere der SPD schadet. Aber die Reaktion auf seinen Aufsatz in der FAZ trug die gleichen Züge, mit dem linke Aktivisten in den USA den demokratischen Analysten David Shor mundtot machen wollten. Esken und Kühnert gaben sich erst gar nicht die Mühe, auf Thierses Argumente zu antworten. Sondern sie verfielen sofort in den Jargon der Empörung.[8]

Das ist, gerade für eine linke Partei, eine tödliche Strategie.

Die SPD muss auf vielen politischen Feldern enorm komplizierte Abwägungen treffen: Wie kann sie die Partei des Flüchtlingsschutzes sein, wenn gleichzeitig die Zuwanderung unqualifizierter Menschen den Sozialstaat belastet? Ist der Abschied von der »binären Geschlechterordnung« nicht auch der Abschied von einem traditionellen Feminismus, für den Sozialdemokraten immer eingetreten sind? Die Verführung linker Identitätspolitik liegt darin, schwierige Abwägungsfragen mit dem Gestus moralischer Eindeutigkeit vom Tisch zu wischen: Nie wieder Zäune und Mauern in Europa! Transrechte sind Menschenrechte! Hass ist keine Meinung!

Es sind Sätze, mit denen man eine Talkshow besteht, aber nicht unbedingt eine Wahl. Kein Wähler schätzt es, moralisch belehrt zu werden, und ähnlich wie in den USA neigen auch in Deutschland Arbeiter dazu, in gesellschaftspolitischen Fragen eher konservativ zu denken. Es ist kein Zufall, dass die AfD ausgerechnet das Ruhrgebiet zu einer ihrer Hochburgen in Westdeutschland machen konnte – und dass die Linkspartei bei der Bundestagswahl 2021 erstmals seit Langem wieder unter die Fünf-Prozent-Hürde rutschte. In ihrem Programm hatte die Linke unter anderem eine »gendergerechte Klimapolitik« und »geschlechtsneutrale Toiletten und Waschräume, insbesondere in öffentlichen Gebäuden« gefordert. Es waren ganz offenkundig Themen, die im Erzgebirge und der Lausitz den Menschen nicht ganz so dringlich erschienen.

Nicht einmal für die Grünen ist es ungefährlich, sich der identitätspolitischen Logik zu unterwerfen. Während des Wahlkampfes sorgte die Partei für Schlagzeilen, weil Spitzenkandidatin Annalena Baerbock das »N-Wort« benutzt hatte. Baerbock wollte schildern, dass es an deutschen Schulen auch heute noch rassistisches Unterrichtsmaterial gibt. Aber allein die Tatsache, dass sie das Wort ausgesprochen hatte, versetzte die Kandidatin und offenkundig auch die Parteizentrale in eine solche Panik, dass Baerbock sich in einem neunteiligen Twitter-Thread entschuldigte – und damit erst für die negativen Schlagzeilen sorgte, die sie vermeiden wollte.

Die Episode zeigt, welch absurde Folgen es haben kann, wenn sich eine Partei den Dogmen der antirassistischen Bewegung unterwirft. Natürlich ist das »N-Wort« eine rassistische Beleidigung. Aber heißt dies, dass ein Weißer das Wort niemals und in keinem Zusammenhang aussprechen darf, wie es manche Aktivisten verlangen? In letzter Konsequenz würde das bedeuten, dass ein weißer Zuschauer den Titel des hochgelobten Films nicht über die Lippen bringen dürfte, der auf einem Manuskript des schwarzen Schriftstellers James Baldwin beruht. Er heißt: »I Am Not Your Negro.«

Es gehört zu den Eigenarten des identitätspolitischen Diskurses, dass er nur die Regeln für ein ganz bestimmtes Milieu setzt. In den USA gibt es schon seit Jahren das Phänomen, dass sich die Sprachwelten vollkommen voneinander entkoppelt haben. Während es an manchen Universitäten inzwischen schon ein Tabu ist, das »N-Wort« auch nur abgekürzt in einem Text zu erwähnen, hat sich Donald Trump ein Universum geschaffen, in dem auch noch das platteste rassistische Klischee als Ausdruck einer gesunden Debattenkultur gefeiert wird. Es ist eine Entwicklung, die in Ansätzen auch in Deutschland Einzug gehalten hat. Wer, nur als Beispiel, mag verstehen, wenn die Berliner SPD-Chefin Franziska Giffey zum Weltfrauentag erklärt, sie setze sich für die Gleichstellung von Frauen ein - »unabhängig ihres Geschlechts«.[9]

Aber es sind nicht nur Politiker, die sich Regeln unterwerfen, die sich der Vernunft nur noch schwer erschließen. Als die Hollywood-Schauspielerin Ellen Page im Dezember 2020 bekannt gab, dass sie trans ist und künftig Elliot Page heißt, schrieben viele Medien in Deutschland: »Aus Ellen Page wird Elliot Page.« Es war, nach allen logischen Standards, eine korrekte Meldung. Ein Mensch, der als biologische Frau geboren worden war und über 30 Jahre lang ein Leben als Frau geführt hatte, erklärte öffentlich, dass er transgender ist und künftig den Namen eines Mannes tragen wird. Natürlich ist es richtig, den neuen Namen und das neue Geschlecht zu respektieren. Aber bei vielen Transgender-Aktivisten war die Empörung groß, weil Pages »Deadname« noch einmal veröffentlicht worden war - ein Name freilich, der sich tausendfach im Internet findet und unter dem Page Kassenschlager wie »Juno« gedreht hatte.

Viele Medien änderten daraufhin ihre Berichterstattung, auch der SPIEGEL: »In einer früheren Version der Meldung wurde nicht durchgehend präzise und angemessen über das Thema Transidentität berichtet«, hieß es in einer Korrekturnote. Hinter dem Tabu, den »Deadname« zu nennen, steht die Idee, dass so etwas wie das biologische Geschlecht gar nicht existiert und es allein darauf ankommt, welches Geschlecht ein Mensch für sich wählt. In dieser Vorstellung war Page nie eine Frau, weshalb es auch eine Grenzüberschreitung darstellt, den abgelegten Namen auszusprechen. Es ist ein radikaler Konstruktivismus, der tief in die Politik eingedrungen ist.[10]

Die Eckpunkte der Berliner Ampelkoalition für ein neues Selbstbestimmungsgesetz sehen vor, dass ein Mensch, der sich als Frau definiert, aber alle äußeren Merkmale eines Mannes trägt und diese auch nicht ändern will, künftig ohne weitere Prüfung seinen Geschlechtseintrag im Pass ändern kann. Nach den Plänen kann eine Transfrau dann nicht nur alle Schutzräume für Frauen aufsuchen: Toiletten, Saunen, Frauenhäuser. Sondern sie kann auch verlangen, dass die Justiz gegen jeden vorgeht, der sie als Mann bezeichnet oder den alten Vornamen erwähnt.

Wenn man der Frage nachgeht, warum so viele Menschen das Gefühl haben, nicht mehr offen sagen zu können, was sie denken, ist die Transgender-Debatte eine gute Erklärung. Es gibt plausible Gründe, die bestehende Regelung für Transgender zu reformieren, weil sie vorsieht, dass Menschen, die ihren Geschlechtseintrag im Pass ändern wollen, sich einem aufwendigen Begutachtungsprozess unterwerfen müssen. Und es gibt intersexuelle Menschen, die aus biologischen Gründen weder eindeutig Mann noch Frau sind. Aber heißt dies im Umkehrschluss, dass die Idee, es gebe zwei biologische Geschlechter, ein unwissenschaftliches und patriarchales Konstrukt ist, von dem sich der Staat zu verabschieden hat?

Häufig werden alle berechtigten Einwände gegen das Selbstbestimmungsgesetz pauschal mit dem Argument abgeschmettert, diese seien »transphob«. »Hetze gegen vulnerable Gruppen wie trans Frauen ist nicht bloß eine Meinung, sie ist lebensgefährlich«, hieß es in einem Kommentar auf »Zeit Online«, der die Vorstellung, Geschlecht habe irgendetwas mit dem Körper zu tun, in die Ideenwelt eines Sechstklässlers verweist.[11] Als die feministische Zeitschrift »Emma« in Zweifel zog, dass die Grünen-Bundestagsabgeordnete Tessa Ganserer eine Frau sei, weil diese im Körper eines Mannes lebe und ihr Pass sie ebenfalls als männlich ausweise, schrieb die »taz«, dies sei »Gewalt und Diskriminierung« im Namen der Frauenbewegung. Es war eine Tonlage, die auch etliche Grüne anschlugen: »Es ist ungeheuer respektlos, wenn über die Körperlichkeit eines Menschen spekuliert und diese denunziert wird. Das verrät alle Grundwerte der Frauenbewegung auf Selbstbestimmung und körperliche Integrität«, erklärte die Grüne Fraktionsvorsitzende Britta Haßelmann.[12]

Die Frage ist nur, wohin das führen soll. Wenn sich in Deutschland Parteien daran gewöhnen, den politischen Diskurs mit moralischer Empörung zu ersticken, dann werden wir den Weg der politischen Polarisierung beschreiten, auf dem die USA schon sehr weit gekommen sind. Niemand bezweifelt, dass es in Deutschland ein robustes Engagement für Gleichberechtigung braucht. Aber wenn sich die Politik unreflektiert den Dogmen der Transgender-Bewegung oder dem Katechismus der Antirassismus-Bewegung unterwirft, werden sich viele Menschen gegängelt fühlen und Parteien zuwenden, deren Geschäftsmodell die Schamlosigkeit ist. Die Folge sind dann nicht offene Debatten, sondern politische Parallelwelten, die nicht mehr miteinander kommunizieren.

13 DIE MÜHEN DER DEMOKRATIE ODER: WARUM WIR DEN PRODUKTIVEN STREIT BRAUCHEN

Es erscheint auf den ersten Blick rätselhaft, warum die Demokratie und der offene Diskurs im 21. Jahrhundert so stark unter Druck geraten sind. Der Wohlstand und die Freiheit, die (West-)Europa und die Vereinigten Staaten in den vergangenen Jahrzehnten genießen konnten, verdanken wir einer speziellen Methode, den politischen Streit zu moderieren und in zivile Bahnen zu lenken: dem politischen Liberalismus. Es lohnt sich, an dieser Stelle einen kurzen Blick auf die Philosophie zu werfen, die nun schon so lange die Basis für unser Zusammenleben bildet.

Liberalismus entstand als Reaktion auf die Religionskriege im 16. und 17. Jahrhundert. Im Kern beinhaltet er den Gedanken, dass Individuen bestimmte Rechte besitzen: zunächst auf Selbstbestimmung und körperliche Unversehrtheit, aber auch das Recht, seine Religion und seine politischen Überzeugungen zu wählen und Eigentum zu generieren.[1]

Die Instanz, diese Rechte zu schützen, ist der Staat. Nicht alle liberalen Theoretiker waren Demokraten, und nicht jeder liberale Staat war eine Demokratie. Aber der Kern der liberalen Idee - der Schutz des Individuums und seiner Rechte - trug nicht nur dazu bei, dass der Liberalismus und die Demokratie im Laufe der Zeit eine fast unverbrüchliche Einheit eingingen. Sondern sie sorgte auch dafür, dass der Kreis derjenigen, die in den Genuss liberaler Freiheitsrechte kamen, nach und nach immer größer wurde.

Wohl nirgendwo sonst ist der liberale Gedanke prägnanter formuliert als in der amerikanischen Unabhängigkeitserklärung vom 4. Juli 1776:

»We hold these truths to be self-evident, that all men are created equal, that they are endowed by their Creator with certain unalienable Rights, that among these are Life, Liberty and the pursuit of Happiness.« Zunächst waren die »unveräußerlichen Rechte«, von denen die Gründer der USA sprachen, nur für weiße Männer reserviert; darin lag der große Widerspruch des Textes. Aber gerade weil er einen universalen Anspruch formulierte, konnte er als Grundlage für all diejenigen benutzt werden, die ursprünglich vom amerikanischen Projekt ausgeschlossen waren: Frauen, Afroamerikaner und die Ureinwohner der USA. Was den Liberalismus von seinen ideologischen Konkurrenten unterscheidet, ist der Umstand, dass er die Rechte des Einzelnen - zumindest in der Theorie - nicht an Geschlecht, Glaubensbekenntnisse, Hautfarbe oder Geburtsort knüpft. Insofern setzt sich der Liberalismus immer selbst unter Rechtfertigungszwang. »Es war die Spannung zwischen Theorie und Praxis, ... die liberale Regierungen dazu an-

trieb, ein breiteres und inklusiveres Verständnis von Gleichberechtigung zu entwickeln«, schreibt Francis Fukuyama.[2]
Liberalismus ist aber nicht nur ein Projekt zum Schutz
des Individuums. Es ist auch eine Methode, Interessenge-
gensätze in einer Gesellschaft zu moderieren. Statt einer
Ethnie, einer Religion oder einer Klasse das Monopol auf
die Wahrheit zuzusprechen, vertraut er auf den Diskurs
und die Stärke des besseren Arguments. Er verkündet – anders als etwa der Marxismus – keine endgültigen Einsich-
ten, sondern ist eine Methode, sich an die Wahrheit an-
zunähern. Der Liberalismus ist ein Kind der Aufklärung,
weswegen er eng mit einer empirisch-analytischen Wissenschaft verknüpft war, deren Methoden für jedermann nach-
vollziehbar sein müssen. »Wenn ich behaupte, Zugang zu
einer göttlichen Eingebung zu haben oder wenn ich behaupte, dass ich Wunder sehe, die nur Gläubige bezeugen
können; wenn ich für mich in Anspruch nehme, einer Klasse
oder einer Ethnie zuzugehören ... und deswegen Dinge sagen oder wissen kann, zu denen niemand sonst Zugang hat,
dann verletze ich die empirische Regel, weil ich meine Sicht
der Dinge davon ausschließe, von anderen überprüft zu
werden«, schreibt Jonathan Rauch in seinem Buch »The
Constitution of Knowledge«.[3]
Die liberale Methode hat sich nach dem Ende des
Zweiten Weltkrieges als spektakulär erfolgreich erwiesen.
Nach 1945 waren es nicht zuletzt die USA, die mit der UN,
der Nato und dem Allgemeinen Zoll- und Handelsabkom-
men jene Institutionen und Mechanismen durchsetzten,
die dem Westen Sicherheit und Stabilität garantierten und
so die Grundlage für einen furiosen ökonomischen Auf-

schwung schufen. Von diesem Boom profitierte nicht nur eine kleine Elite, sondern ein breites Spektrum der Gesellschaft - sowohl in den USA als auch in Westeuropa. Der Wasserpegel stieg, und alle Boote wurden angehoben. Zwischen 1948 und 1980 steigerte sich das Einkommen eines durchschnittlichen amerikanischen Arbeiters um 90 Prozent. Gleichzeitig sorgte die Präsidentschaft von Lyndon B. Johnson dafür, dass schwarze Amerikaner - zumindest auf dem Papier - die gleichen Rechte bekamen wie weiße US-Bürger. Die Aufklärung der Watergate-Affäre war wohl der größte Erfolg der liberalen Presse in den USA.[4]

In der Bundesrepublik markierten die SPIEGEL-Affäre 1962 und der Rücktritt von Bundesverteidigungsminister Franz Josef Strauß den großen Durchbruch für die Pressefreiheit. Mit der Kanzlerschaft Willy Brandts begann die gesellschaftliche Modernisierung der Bundesrepublik. Der Sozialdemokrat und sein Nachfolger Helmut Schmidt vertrieben den Muff der Adenauer-Jahre: Das Sexualstrafrecht wurde liberalisiert, die Hausfrauenehe aus dem Gesetz gestrichen, Abtreibungen erleichtert. Auch der konservative Kanzler Helmut Kohl hat diese Neuerungen nicht zurückgedreht. Unter Angela Merkel wurde die Ehe für Schwule und Lesben ins Gesetz geschrieben. Während ihrer 16-jährigen Kanzlerschaft ist die Wirtschaft in Deutschland real um über 20 Prozent gewachsen. Woher also kommen die Zweifel an einer politischen Methode, die solche Erfolge vorweisen kann?

Zum Wesen der liberalen Demokratie gehört die langsame und schrittweise Reform. Der Ausgleich von Interessen ist ein mühsamer Prozess; dazu kommt, dass das

Mehrheitsprinzip es nicht selten erlaubt, offen gegen Minderheiten zu diskriminieren. Von der Verkündung der Unabhängigkeitserklärung bis zur Abschaffung der Sklaverei dauerte es in den USA fast 100 Jahre. Den amerikanischen Ureinwohnern wurde 1924 - 136 Jahre nach Unterzeichnung der US-Verfassung - das volle Recht auf die Staatsbürgerschaft zuerkannt. Erst im Jahr 1967 hob der Supreme Court das Verbot von Ehen zwischen schwarzen und weißen Amerikanern auf, das noch in manchen Bundesstaaten bestand. Und es gibt immer wieder Rückschläge: etwa die Entscheidung des Supreme Courts, der im Juni 2022 das Recht auf Abtreibung in den USA aufhob.

Der Zweifel an der liberalen Demokratie hat deshalb einen berechtigten Kern. Er gründet in der Frustration über die Trägheit des politischen Systems.

Die Theorien und Ideologien, die ich in diesem Buch beschrieben habe, sind deshalb auch das Produkt von Ungeduld: Wenn schwarze Amerikaner so lange keine Stimme hatten: Ist es dann nicht gerecht zu verlangen, dass privilegierte Weiße schweigen - zumindest für eine Weile? Wenn die Unschuldsvermutung so viele Männer vor Strafen für ihr übergriffiges Verhalten geschützt hat: Braucht es dann nicht das Prinzip »believe women«, um für Gerechtigkeit zu sorgen? Und wenn Transgender vom Staat über so viele Jahrzehnte diskriminiert wurden: Ist es dann nicht fair, den Widerstand gegen Reformen als »hate speech« zu brandmarken?

Das Problem ist nur, dass ein solcher Ansatz neue Frustration produziert und neue Verlierer, die das Gefühl haben, dass die Politik sie ignoriert. Die Antwort auf alte

Diskriminierung kann nicht neue sein; der Rechtsstaat wird nicht dadurch besser, indem man ihn aushebelt; der Diskurs nicht dadurch gerechter, indem man ihn beschneidet. Keine Reform wird auf Dauer Bestand haben, wenn sie mit den Mitteln der Einschüchterung durchgesetzt wird.

Die Meinungsfreiheit ist in Deutschland in Artikel fünf des Grundgesetzes garantiert, in den USA im ersten Zusatzartikel der Verfassung. Warum also sollte man sich um sie sorgen? Meinungsfreiheit ist mehr als nur ein gesetzlich verbrieftes Recht. Es braucht auch eine Kultur, die den offenen Dialog fördert und schätzt - an den Universitäten, in den Medien und auch im Internet. Es gehört zu den großen Paradoxien des neuen Jahrtausends, dass Facebook und Twitter als Plattformen gestartet sind, um die Meinungsfreiheit auf eine neue Ebene zu heben. Mit ihnen verband sich der Traum, dass alle Menschen gleichberechtigt miteinander ins Gespräch kommen, ohne den Filter der etablierten Medien. Der Effekt war dann aber, dass Populisten wie Trump ungehindert ihre Lügen verbreiten konnten - und gleichzeitig die Mob-Mentalität insbesondere auf Twitter einen unheimlichen Konformitätsdruck erzeugte.

»ist alice schwarzer noch zu heilen?«, schrieb der Komiker Jan Böhmermann, nachdem die »Emma«-Herausgeberin sich in einem Essay für die »Zeit« gegen die Pläne der Grünen für ein »Selbstbestimmungsgesetz« für Transgender gewandt hatte. Böhmermann hat 2,6 Millionen Follower. Sein Tweet, in dem er sich erst gar nicht die Mühe machte, auf die Argumente Schwarzers einzugehen, erhielt über 4000 Likes. Es ist ein Muster, das sich so oder ähnlich fast täglich in den sozialen Medien wiederholt: Nicht der Gedanke zählt, sondern die Zahl der Likes.[5]

Nun mag man sagen: na ja, Twitter eben. Jeder klardenkende Mensch weiß doch, dass die Debatten dort nichts mit der Realität zu tun haben. Das allerdings unterschätzt die Wirkung des Mediums. Trumps Erfolg beruhte auch darauf, dass er seine Anhänger und die Medien mit einem Dauerfeuer von Tweets wahlweise unterhielt oder empörte. So sorgte er dafür, dass er immer im Zentrum der Aufmerksamkeit blieb. Im Englischen gibt es dafür ein schönes Bild: »Sucking the oxygen out of the room.«

Andererseits prägt die Angst vor dem Shitstorm die etablierten Medien. Welcher junge Redakteur, der sich ein Image als Umweltexperte aufgebaut hat, mag die eigenen Follower mit dem Argument irritieren, der Klimawandel sei wohl nur *mit* der Atomenergie zu bekämpfen? Welche junge Redakteurin will schon mit der Meinung anecken, der Paragraf 218 sei ein vernünftiger Kompromiss zwischen Frauenrechten und dem Schutz des ungeborenen Lebens – wenn es doch im aufgeklärten Milieu als unumstößliche Gewissheit gilt, dass dieser ein Relikt aus einer dunklen, frauenfeindlichen Ära ist? Die meisten Journalisten, die ich kenne, sind auf Twitter; alle jüngeren Kollegen sind mit dem Medium und seinem speziellen Belohnungssystem aufgewachsen. Das wiederum hat den unheilvollen Effekt, dass sich die Filterblasen-Logik des Netzes auf den Journalismus überträgt – und die Leser und Zuschauer das Gefühl bekommen, die Berichterstattung und Kommentierung sei merkwürdig konform. Der neue »New York Times«-Chefredakteur Joe Kahn beklagte in einem seiner ersten

Interviews, dass seine Kollegen häufig heikle Themen nicht mehr anfassten, weil sie die Wut im Netz fürchteten.[6]

Demokratie ist im Kern der Streit um das stärkste Argument und die Fähigkeit zum Kompromiss. Identitätspolitik ist die Verabsolutierung der eigenen Position. Wenn dann noch progressive Anliegen bürokratisiert werden, um sie dem demokratischen Diskurs zu entheben, ist das Ergebnis nicht eine bessere Politik, sondern die Aufspaltung der Gesellschaft in jene, die sich moralisch im Recht fühlen und dem Rest, der sich als rückständig verunglimpft sieht und sich Populisten wie Trump oder Björn Höcke zuwendet. Es entsteht eine Gesellschaft, die nicht miteinander spricht, sondern sich gegenseitig verachtet.

Noch haben wir in Deutschland keine amerikanischen Verhältnisse. Doch es wäre fahrlässig, die Warnzeichen zu übersehen. In Teilen der neuen Bundesländer ist die AfD zu einer neuen Volkspartei aufgestiegen. Umfragen zeigen, dass die Bürger das ungute Gefühl bekommen haben, die Grenzen des Sagbaren würden sich verengen. Nicht jeder AfD-Wähler ist für die Demokratie zurückzugewinnen; und es gibt Tabus, auch sprachliche, die zurecht bestehen. Aber die Demokratie kann nicht dadurch geschützt werden, dass man den offenen Diskurs beschneidet.

Hass und Dogmatismus sind die Feinde des liberalen Diskurses. Er kann aber auch von der Empfindlichkeit der Wohlmeinenden erstickt werden. Ich habe dieses Buch geschrieben, weil in dem Land, in dem ich gerade lebe, etwas verloren geht: ein cooler und lässiger Freiheitsbegriff, der andere Meinungen respektiert und sie nicht als Treibstoff für Empörung benutzt. Figuren wie Trump oder Höcke sind ein Unglück. Aber wer sie nicht an der Macht sehen will, sollte nicht die Nase über ihre Wähler rümpfen und sie als »Deplorables« beschimpfen. Sondern mit ihnen reden. Eine Toleranz, die nur das eigene politische Gesichtsfeld respektiert, ist wertlos und öde.

DANK

Dieses Buch wäre nicht möglich gewesen ohne die Hilfe von Dr. Julia Lange. Als Autor kann man sich keine bessere Begleitung wünschen. Sie hat mir in den vergangenen anderthalb Jahren unzählige wertvolle Hinweise gegeben und mich vor vielen Fehlern bewahrt; sollten welche stehen geblieben sein, gehen sie allein auf meine Kappe. Der SPIEGEL, für den ich nun schon fast seit 20 Jahren arbeite, hat es ermöglicht, dass ich dieses Buch neben meiner Arbeit als Korrespondent in Washington schreiben konnte. Wer Freude am Journalismus und am Streit um die Sache hat, kann sich keine bessere Redaktion vorstellen. Ich danke Jens Dehning, Bertram Pfister, Dirk Kurbjuweit und Alexander Neubacher für Lektüre und Anregungen, Jan Fleischhauer für seine Freundschaft und Andreas Bernard für seine Verteidigung Michel Foucaults gegen unfaire Kritik. Ich danke meiner Frau Kerstin für die vielen kontroversen Diskussionen über die Thesen dieses Buches.

Es ist meinen Eltern Rosa Maria und Rolf Pfister gewidmet, deren südbadische Liberalität mir immer ein Vorbild
war.

ANMERKUNGEN

Die Kapitel 3, 6 und 8 dieses Buch beruhen zum Teil auf Texten, die schon im SPIEGEL erschienen sind.

1 WARUM DIE DEMOKRATIE AUCH VON LINKS BEDROHT WIRD – EIN VORWORT

1 https://twitter.com/abigailcoughler/status/13595336828
43934723
2 https://theweek.com/politics/1001910/democrats-are-
anti-anti-critical-race-theory
3 https://www.spiegel.de/spiegel/print/index-2020-35.
html
4 Robin DiAngelo: *White Fragility. Why It's So Hard for
White People to Talk About Racism*. Boston 2018,
S. 149
5 https://www.faz.net/aktuell/politik/inland/allensbach-
umfrage-viele-zweifeln-an-meinungsfreiheit-in-
deutschland-17390954.html?premium
6 https://www.zeit.de/kultur/2021-06/meinungsfreiheit-
deutschland-allensbach-umfrage-gefuehle

7   https://yougov.co.uk/topics/politics/articles-reports/
    2021/12/22/cancel-culture-what-views-are-britons-
    afraid-expre

8   https://www.nytimes.com/2022/03/18/opinion/cancel-
    culture-free-speech-poll.html

2 IAN BURUMA ODER: ES KANN JEDEN TREFFEN

1   https://www.cbc.ca/news/canada/toronto/jian-
    ghomeshi-sexual-assault-trial-ruling-1.3505446

2   https://www.nybooks.com/articles/2018/10/11/
    reflections-hashtag/

3   https://twitter.com/monaeltahawy/status/
    1040762387366916097

4   https://slate.com/news-and-politics/2018/09/jian-
    ghomeshi-new-york-review-of-books-essay.html

5   https://www.nybooks.com/articles/2018/10/25/letter-
    from-contributors/

6   https://www.theguardian.com/commentisfree/2018/
    sep/24/male-cultural-elite-blind-me-too-nyrb-ian-
    buruma

7   https://www.vox.com/culture/2018/9/19/17861738/ian-
    buruma-jian-ghomeshi-new-york-review-books-john-
    hockenberry-harpers-me-too

8   https://www.newyorker.com/culture/cultural-comment/
    jian-ghomeshi-john-hockenberry-and-the-laws-of-
    patriarchal-physics

1 Herbert Marcuse: »Repressive Toleranz«, in: Robert Wolff, Barrington Moore, Herbert Marcuse: *Kritik der reinen Vernunft*. Frankfurt 1970, S. 93-128

2 Ebd., S. 94-95

3 Ebd., S. 111-112

4 Stephen Brookfield: On Malefic Generosity, Repressive Tolerance and Post-Colonial Condescension. Considerations on White Adult Educators Racializing Adult Education Discourse. Dezember 2015, in: New Prairie Press. URL: https://static1.squarespace.com/static/5738a0ccd51cd47f81977fe8/t/5750eda922482e8f99186775/1464921517600/AERC_Paper_2005.pdf

5 Michel Foucault: *Überwachen und Strafen. Die Geburt des Gefängnisses*. Frankfurt 2020, S. 9-25

6 Ebd., S. 291

7 Ebd., S. 256 ff.

8 Ebd., S. 285

9 Jürgen Habermas: *Der politische Diskurs der Moderne. Zwölf Vorlesungen*. Frankfurt 1986, S. 332-333

10 Derrick A. Bell: Brown v. Board of Education and the Interest-Convergence Dilemma; in: Harvard Law Review, Vol. 93, No. 3, S. 518-533

11 https://www.washingtonpost.com/politics/gaza-violence-blm-democrats/2021/05/22/38a6186e-b980-11eb-a6b1-81296da0339b_story.html

12 Richard Delgado, Jean Stefancic: *Critical Race Theory. An Introduction*. New York 2017, S. 3

13 Mari J. Matsuda, Charles R. Lawrence III, Richard

Delgado, Kimberlé Crenshaw: *Words That Wound. Critical Race Theory, Assaultive Speech and the First Amendment.* Boulder 1993, S. 6

14 Ebd., S. 17 ff.

15 Louis Michael Seidman: Can Free Speech Be Progressive? In: Columbia Law Review, Vol. 118, No. 7, S. 2219–2250

16 https://www.theatlantic.com/ideas/archive/2022/02/logical-end-language-policing/621500/

17 Richard Delgado, Jean Stefancic: *Critical Race Theory. An Introduction.* New York 2017, S. 8

18 Peggy McIntosh: White Privilege and Male Privilege. A Personal Account of Coming to See Correspondences Through Work in Women's Studies, in: Richard Delgado, Jean Stefancic (Hrsg.): *Critical White Studies. Looking Behind the Mirror.* Philadelphia 1997, S. 291–299

19 Donald Moss: On Having Whiteness, in: Journal of the American Psychoanalytic Association. Vol. 69, Issue 2, Seite 355–371

20 Robin DiAngelo: *Nice Racism. How Progressive White People Perpetuate Racial Harm.* Boston 2021, S. 19 ff.

21 Jürgen Habermas: *Der politische Diskurs der Moderne. Zwölf Vorlesungen.* Frankfurt 1986, S. 343

22 https://www.nytimes.com/interactive/2019/08/14/magazine/1619-america-slavery.html

23 https://www.theatlantic.com/ideas/archive/2020/01/1619-project-new-york-times-wilentz/605152/

24 Kimberlé Crenshaw: »Mapping the Margins: Intersectionality, Identity Politics, and Violence Against Women of Color«, in: Kimberlé Crenshaw, Neil

Gotanda, Gary Peller, Kendall Thomas: *Critical Race Theory: The Key Writings that Formed the Movement.* New York 1995, S. 357–383

25 https://twitter.com/spdde/status/1368149358378508290? lang=de

26 https://www.insidehighered.com/quicktakes/2017/10/ 05/aclu-speaker-shouted-down-william-mary

27 https://taz.de/Abschaffung-der-Polizei/!5689584/

28 https://twitter.com/alinista/status/1274351261962338304

29 Kyla Schuller: *The Trouble with White Women. A Counterhistory of Feminism.* New York 2021, S. 9

4 DORIAN ABBOT ODER: DER TERROR DER MINDERHEIT

1 https://www.nytimes.com/2021/10/20/us/dorian-abbot-mit.html

2 https://thechicagothinker.com/conservation-is-conservative/

3 https://president.uchicago.edu/from-the-president/ announcements/112920-free-expression

4 https://www.newsweek.com/diversity-problem-campus-opinion-1618419

5 https://www.pewresearch.org/fact-tank/2019/02/25/ most-americans-say-colleges-should-not-consider-race-or-ethnicity-in-admissions/

6 https://bariweiss.substack.com/p/mit-abandons-its-mission-and-me

1   https://www.ipetitions.com/petition/reconsider-the-smith-college-2014-commencement

2   https://www.nytimes.com/2014/05/13/us/after-protests-imf-chief-withdraws-as-smith-colleges-commencement-speaker.html

3   https://www.nytimes.com/2012/01/31/opinion/brooks-the-great-divorce.html

4   https://www.youtube.com/watch?v=rVDeBL6FuP0

5   https://www.nytimes.com/2017/03/13/opinion/understanding-the-angry-mob-that-gave-me-a-concussion.html

6   https://brokeninquiryblog.wordpress.com/

7   https://www.spiegel.de/kultur/das-pc-monster-a-401e17b4-0002-0001-0000-000148300432

8   Greg Lukianoff, Jonathan Haidt: *The Coddling of the American Mind. How Good Intentions and Bad Ideas Are Setting up a Generation for Failure.* New York 2018, S. 163 ff.

9   Derald Wing Sue et al: Racial Microaggressions in Every Day Life. Implications for Clinical Practice, in: American Psychologist, Vol. 64, No. 4, S. 271–286

10 https://www.spiegel.de/kultur/ideologien-sind-fuer-intelligente-menschen-wie-drogen-a-4cd0f6aa-0002-0001-0000-000176230952

11 https://www.nytimes.com/2021/10/15/arts/music/othello-blackface-bright-sheng.html

12 https://www.nytimes.com/1966/02/02/archives/the-screen-minstrel-show-othelloradical-makeup-marks-oliviers.html

13 https://www.michigandaily.com/news/academics/
    following-blackface-incident-professor-bright-sheng-
    takes-step-back-from-teaching-smtd-composition-
    course/
14 https://www.thefire.org/university-of-michigan-
    professor-no-longer-teaching-composition-seminar-
    after-students-complain-about-blackface-in-1965-
    othello-film/
15 https://sammybsussman.medium.com/playing-a-
    blackface-video-isnt-fireable-it-shouldn-t-be-okay-
    61083d6f74b9
16 https://www.nytimes.com/2018/06/15/us/harvard-
    asian-enrollment-applicants.html
17 https://www.nytimes.com/2022/01/28/opinion/
    affirmative-action.html
18 https://www.spiegel.de/ausland/francis-fukuyama-
    ueber-donald-trump-und-die-krise-der-amerikanischen-
    demokratie-a-fd4a8cf7-ac24-4c98-8770-e9d80c397592
19 https://knightfoundation.org/reports/college-student-
    views-on-free-expression-and-campus-speech-
    2022/
20 Erwin Chemerinsky, Howard Gillman: *Free Speech
    on Campus.* New Haven, London 2017, S. 53-54
21 Ebd., S. 56-57
22 Ebd., S. 59-62
23 https://provost.uchicago.edu/sites/default/files/
    documents/reports/FOECommitteeReport.pdf
24 https://ofew.berkeley.edu/sites/default/files/
    life_sciences_inititatve.year_end_report_
    summary.pdf

25 https://www.wsj.com/articles/the-universitys-new-loyalty-oath-11576799749

26 Neil Gross, Solon Simmons: The Social and Political Views of American College and University Professors, in: Neil Gross, Solon Simmons (Hrsg.): *Professors and their Politics*. Baltimore 2014, S. 25

27 Samuel J. Abrams: The Contented Professors. How Conservative Faculty See Themselves within the Academy. Dezember 2016. URL: https://www.researchgate.net/publication/312229229_The_Contented_Professors_How_Conservative_Faculty_See_Themselves_within_the_Academy

28 https://www.thecrimson.com/article/2021/4/9/disappearance-conservative-faculty/

29 https://www.nytimes.com/2016/05/08/opinion/sunday/a-confession-of-liberal-intolerance.html

30 https://www.gwi-boell.de/de/2021/04/19/pluralitaet-verteidigen

31 https://www.spiegel.de/spiegel/berlin-bizarrer-streit-um-ein-angeblich-sexistisches-gedicht-a-1190010.html

32 https://akademie-soziologie.de/wp-content/uploads/2019/12/Ziele-und-Aufgaben-Akademie-Soziologie-Gruendungsaufruf-04-2017.pdf

33 https://www.zeit.de/2022/14/geschlechterforschung-frau-mann-biologie-gender/komplettansicht

34 Judith Butler: *Das Unbehagen der Geschlechter*. Frankfurt 2021, S. 26

35 https://taz.de/taz-Kolumne-ueber-Polizei/!5691333/

1   https://newconsumer.com/2020/05/alison-roman-interview/

2   https://www.washingtonpost.com/opinions/2020/05/13/rise-fall-alison-roman/

3   https://www.nytimes.com/2021/02/05/business/media/donald-mcneil-andy-mills-leave-nyt.html

4   https://hiddentribes.us/media/qfpekz4g/hidden_tribes_report.pdf

5   https://www.thedailybeast.com/star-new-york-times-reporter-donald-mcneil-accused-of-using-n-word-making-other-racist-comments

6   https://www.nytimes.com/2021/02/14/business/media/new-york-times-donald-mcneil.html

7   https://www.nytimes.com/2021/07/20/opinion/eric-adams-nyc-mayor.html

8   https://www.nytimes.com/2020/06/03/opinion/tom-cotton-protests-military.html

9   https://twitter.com/jennydeluxe/status/1268324197224325121

10 https://www.nytimes.com/2020/02/20/opinion/taliban-afghanistan-war-haqqani.html

11 https://www.nytimes.com/2020/06/12/opinion/tom-cotton-op-ed.html

12 https://www.bariweiss.com/resignation-letter

13 https://www.ndr.de/fernsehen/sendungen/zapp/Gruene-Mehrheit-Die-ARD-und-ihre-Volos,nachwuchs200.html

14 Siegfried Weischenberg, Maja Malik, Armin Scholl:

Journalismus in Deutschland 2005. *Media Perspektiven* 7/2006, S. 346 ff.

15 https://www.washingtonpost.com/news/the-fix/wp/ 2014/05/06/just-7-percent-of-journalists-are-republicans- thats-far-less-than-even-a-decade-ago/
16 https://www.nytimes.com/2020/06/23/opinion/ objectivity-black-journalists-coronavirus.html
17 https://www.stern.de/panorama/von-der-stern- chefredaktion--darum-wollen-wir-ein-zeichen-setzen- 9427858.html
18 https://meedia.de/2020/09/23/wieso-seid-ihr- eigentlich-gegen-das-gendern/
19 https://www.infratest-dimap.de/umfragen-analysen/ bundesweit/umfragen/aktuell/weiter-vorbehalte- gegen-gendergerechte-sprache/
20 https://www.thedailybeast.com/teen-vogue-staff-rail- against-new-editor-in-chiefs-past-tweets-mocking- asians
21 https://www.washingtonpost.com/media/2022/06/14/ joseph-kahn-new-york-times-twitter-democracy/

7 DAVID SHOR ODER: WIE SICH DAS LINKE LAGER VON DER REALITÄT ABSCHOTTET

1 https://twitter.com/davidshor/status/126599862583 6019712?ref_src=twsrc
2 Omar Wasow: Agenda Seeding. How 1960s Black Protests Moved Elites, Public Opinion and Voting, in: American Political Science Review, Volume 114, Issue 3, S. 638–659

3 https://twitter.com/TheReFTW/status/
1266146619805728768?ref_src=twsrc
4 https://www.nytimes.com/2021/05/26/opinion/democrats-
republicans-wokeness-cancel-culture.html
5 https://blog.mozilla.org/press/2014/04/faq-on-ceo-
resignation/

8 WOKE CAPITALISM ODER: AUSBEUTUNG, ABER POLITISCH KORREKT

1 https://www.spiegel.de/wirtschaft/wie-jeff-bezos-
sich-arm-rechnete-um-einen-kinderbonus-zu-
kassieren-a-48b26a40-729f-4ff7-9f3b-ac34ef8b64a7
2 https://www.nytimes.com/2018/02/28/opinion/
corporate-america-activism.html
3 https://corporate.mcdonalds.com/corpmcd/our-
purpose-and-impact/jobs-inclusion-and-empowerment/
diversity-and-inclusion.html
4 Anne Case, Angus Deaton: *Deaths of Despair and the
Future of Capitalism.* Princeton 2020, S. 56 ff.
5 https://www.spiegel.de/ausland/us-praesidentschaftswahl-
2020-natuerlich-wird-donald-trump-gewinnen-
a-00000000-0002-0001-0000-000172728845
6 George Packer: *The Last Best Hope. America in Crisis
and Renewal.* New York 2021, S. 85 ff.
7 https://www.reuters.com/article/us-china-apple-icloud-
insight-idUSKCN1G8060
8 https://www.washingtonpost.com/opinions/pro-
discrimination-religious-freedom-laws-are-
dangerous-to-america/

2015/03/29/bdb4ce9e-d66d-11e4-ba28-f2a685dc7f89_
story.html

9 https://www.nytimes.com/2020/06/30/business/
   adidas-karen-parkin-resigns.html

10 https://www.youtube.com/watch?v=1VM2eLhvsSM

11 https://www.youtube.com/watch?v=uwvAgDCO
   dU4

12 https://www.washingtonpost.com/local/social-issues/
   blackface-incident-at-washington-post-cartoonists-
   2018-halloween-party-resurfaces-amid-protests/
   2020/06/17/66f09bde-af2e-11ea-856d-5054296735e5_
   story.html

13 https://nymag.com/intelligencer/2020/06/why-did-the-
   washington-post-get-this-woman-fired.html

14 https://boeing.mediaroom.com/news-releases-
   statements?item=130697

15 Ibram X. Kendi: *How to Be an Antiracist*. New York 2019,
   S. 163

16 https://nymag.com/news/features/46170/

17 Robin DiAngelo: *White Fragility. Why It's So Hard for
   White People to Talk About Racism*. Boston 2018, S. XIV

18 Ebd., S. 5

19 Iris Bohnet: *What Works. Gender Equality by Design*.
   Cambridge 2016, S. 51

20 Alexandra Kalev, Frank Dobbin, Erin Kelly: Best Practi-
   ces or Best Guesses? Assessing the Efficacy of Corporate
   Affirmative Action and Diversity Policies, in: American
   Socogical Review, Volume 71, Issue 4, Seite 589–617

21 Iris Bohnet: *What Works. Gender Equality by Design*.
   Cambridge 2016, S. 53–54

22 https://www.spiegel.de/wirtschaft/versteckte-preiserhoehung-bahlsen-schrumpft-afrika-a-fadbb808-aa1c-4ac3-9979-02a5882a8619
23 https://editionf.com/wir-machen-platz/
24 https://editionf.com/stimmt-ab-fuer-die-25-frauen-die-unsere-welt-zukunftsfaehig-machen/
25 https://www.youtube.com/watch?v=PHckeZoYx04

9 IBRAM X. KENDI ODER: ANTIRASSISMUS ALS BÜROKRATISCHES PERPETUUM MOBILE

1 Ibram X.Kendi: *Be Anti-Racist. A Journal for Awareness, Reflection and Action.* New York 2020
2 Ibram X. Kendi: *How to Be an Antiracist.* New York 2019, S. 9
3 https://www.politico.com/story/2008/06/text-of-obamas-fatherhood-speech-011094
4 https://www.census.gov/library/stories/2021/04/number-of-children-living-only-with-their-mothers-has-doubled-in-past-50-years.html
5 https://www.youtube.com/watch?v=WHnJUiqHd_g
6 https://www.theatlantic.com/ideas/archive/2021/11/white-supremacy-mantra-anti-racism/620832/
7 https://time.com/collection/100-most-influential-people-2020/
8 https://www.nytimes.com/2021/07/03/opinion/antiracist-education-history.html
9 Ibram X. Kendi: *Die wahre Geschichte des Rassismus in Amerika.* München 2017, S. 10

10 https://www.census.gov/newsroom/press-releases/
    2022/educational-attainment.html

11 https://nces.ed.gov/fastfacts/display.asp?id=171

12 Ibram X. Kendi: *How to Be an Antiracist.* New York 2019,
    S. 101–103

13 https://data.nysed.gov/enrollment.php?instid=
    800000046741

14 https://www.nytimes.com/2019/03/18/nyregion/
    black-students-nyc-high-schools.html

15 Shelby Steele: *The Content of Our Character. A New
    Vision of Race in America.* New York 1990, S. 15

16 Ibram X. Kendi: *How to Be an Antiracist.* New York
    2019, S. 19

17 https://www.politico.com/interactives/2019/how-to-
    fix-politics-in-america/inequality/pass-an-anti-racist-
    constitutional-amendment/

18 https://www.rassismusmonitor.de/fileadmin/user_
    upload/NaDiRa/CATI_Studie_Rassistische_Realit%
    C3%A4ten/DeZIM-Rassismusmonitor-Studie_Rassis
    tische-Realit%C3%A4ten_Wie-setzt-sich-Deutschland-
    mit-Rassismus-auseinander.pdf

19 https://afrozensus.de/reports/2020/#main

20 https://www.schleswig-holstein.de/DE/landesregierung/
    ministerien-behoerden/IV/Service/Broschueren/
    Broschueren_IV/Kriminalpraevention/
    landesaktionsplan_rassismus.pdf?__blob=
    publicationFile&v=1

1 https://www.dropbox.com/s/hxqvme0k6328176/
   Yes%2C%20he%20is%20black.%20It%C2%B4s%20
   better%21.pdf?dl=0

2 https://www.theaterbremen.de/de_DE/das-april-
   editorial-2021

3 https://www.tagesspiegel.de/kultur/vom-klassenfeind-
   zur-cancel-culture-wokeness-gab-es-auch-in-der-ddr-
   sie-hiess-nur-anders/27198500.html

4 Klaus-Georg Riegel: »Der Marxismus-Leninismus als
   ›politische Religion‹«, in: Gerhard Besier, Hermann
   Lübbe (Hrsg.): *Politische Religion und Religionspolitik.
   Zwischen Totalitarismus und Bürgerfreiheit.* Göttingen 2005,
   S. 15–48

5 https://www.theatlantic.com/magazine/archive/2021/
   10/new-puritans-mob-justice-canceled/619818/

6 https://www.economist.com/united-states/2022/01/
   22/is-america-exceptionally-good-or-exceptionally-bad

7 Fatma Aydemir, Hengameh Yaghoobifarah (Hrsg.):
   Eure Heimat ist unser Albtraum. Berlin 2020, S. 9

8 https://www.washingtonpost.com/video/politics/
   spanberger-criticizes-democrats-strategy-in-caucus-call/
   2020/11/05/6ec2b368-258a-4061-9738-d83ee8971c3c_
   video.html

9 https://www.pewresearch.org/fact-tank/2021/10/26/
   growing-share-of-americans-say-they-want-more-
   spending-on-police-in-their-area/

10 https://news.gallup.com/poll/341963/church-
   membership-falls-below-majority-first-time.aspx

11 https://www.washingtonian.com/2021/01/27/the-true-story-of-jessica-krug-the-white-professor-who-posed-as-black-for-years-until-it-all-blew-up-last-fall/

12 https://www.intelligent.com/34-of-white-college-students-lied-about-their-race-to-improve-chances-of-admission-financial-aid-benefits/?adfa

13 Natasha A. Kelly: *Rassismus. Strukturelle Probleme brauchen strukturelle Lösungen!* Zürich 2021, S. 10

14 Screenshot des Autors vom 15. Januar 2022

15 https://www.sueddeutsche.de/leben/rassismus-deutschland-privilegien-1.4985973?reduced=true

16 https://www.zeit.de/campus/2018-05/dating-rassismus-hautfarbe-liebe-diversitaet/komplettansicht

11 CHRIS RUFO ODER: CANCEL CULTURE VON RECHTS

1 https://www.youtube.com/watch?v=rBXRdWflV7M

2 https://christopherrufo.com/separate-but-equal/

3 https://christopherrufo.com/woke-elementary/

4 https://twitter.com/realchrisrufo/status/1371541044592996352?s=20

5 https://www.spiegel.de/ausland/christopher-rufo-und-die-critical-race-theory-wer-hat-angst-vor-antirassismus-a-63c42553-e51e-4f86-827b-317fa02192dd

6 https://www.newyorker.com/news/annals-of-inquiry/how-a-conservative-activist-invented-the-conflict-over-critical-race-theory

7 https://www.youtube.com/watch?v=elaIUgX-zZE

8 https://www.edweek.org/policy-politics/map-where-critical-race-theory-is-under-attack/2021/06

9 https://s3.documentcloud.org/documents/20697058/tn-hb0580-amendment.pdf

10 https://www.spiegel.de/kultur/art-spiegelman-und-maus-die-wuenschten-sich-einen-netteren-flauschigeren-holocaust-a-d3eace31-e4cf-4365-86f5-c2925aeb8705

11 https://www.npr.org/2022/03/28/1089221657/dont-say-gay-florida-desantis

12 https://www.npr.org/2021/10/28/1050013664/texas-lawmaker-matt-krause-launches-inquiry-into-850-books

12 IDENTITÄTSPOLITIK ODER: WIE DIE LINKE SICH SELBST DAS GRAB SCHAUFELT

1 https://www.youtube.com/watch?v=PCHJVE9trSM

2 https://www.theatlantic.com/magazine/archive/2021/09/blame-the-bobos-creative-class/619492/

3 https://www.youtube.com/watch?v=MXnePLTILY4

4 https://www.pewresearch.org/politics/2021/06/30/behind-bidens-2020-victory/

5 https://twitter.com/rubengallego/status/1324071039085670401

6 https://www.youtube.com/watch?v=qaHLd8de6nM

7 https://twitter.com/spdde/status/1368147819631116290?lang=de

8 https://www.faz.net/aktuell/feuilleton/debatten/wolfgang-thierse-wie-viel-identitaet-vertraegt-die-gesellschaft-17209407.html?premium

9 https://spd.berlin/pressemitteilung/fuer-die-
   gleichstellung-aller-frauen/

10 https://www.spiegel.de/panorama/leute/ellen-page-
   hollywood-star-ist-transgender-und-heisst-jetzt-elliot-
   page-a-5321d88b-f11a-4fb8-9967-b00a47732c4

11 https://www.zeit.de/zett/queeres-leben/2022-01/
   transfeindlichkeit-tessa-ganserer-frauenquote-
   feminismus

12 https://www.tagesspiegel.de/gesellschaft/queerspiegel/
   das-verraet-alle-grundwerte-der-frauenbewegung-
   gruene-verurteilen-transfeindliche-angriffe-auf-tessa-
   ganserer/27996432.html

13 DIE MÜHEN DER DEMOKRATIE ODER: WARUM WIR DEN PRODUKTIVEN STREIT BRAUCHEN

1 Francis Fukuyama: *Liberalism and its Discontents*.
   New York 2022, S. 1 ff.

2 Ebd., S. 2

3 Jonathan Rauch: *The Constitution of Knowledge.
   A Defense of Truth*. Washington 2021, S. 90

4 Francis Fukuyama: *Liberalism and its Discontents*.
   New York 2022, S. 14–15

5 https://twitter.com/janboehm/status/
   1496491910818668545

6 https://www.washingtonpost.com/media/2022/06/
   14/joseph-kahn-new-york-times-twitter-democracy/